日本は戦争をするのか

——集団的自衛権と自衛隊

半田　滋
Shigeru Handa

Eurus
Notus
Boreas
Zephyrus

岩波新書
1483

はじめに

日本は戦争をするだろうか。安倍晋三政権が長く続けば続くほど、その可能性は高まるといわざるを得ない。憲法九条を空文化することにより、自衛隊が国内外で武力行使する道筋がつけられるからである。

わが国周辺に差し迫った脅威は存在せず、わが国が他国を侵略することもない。世界を見渡せば、武力による小競り合いが絶えないのに対し、東アジアは軍事力強化を急ぐ中国、核開発を進める北朝鮮を抱えながらも安定を維持している。

「尖閣諸島をめぐり、中国と紛争になるのではないか」「北朝鮮が弾道ミサイルを撃ち込むのではないか」と心配する人はいるだろう。

尖閣諸島をめぐる日中の意地の張り合いが続く限り、常に不測の事態に発展するおそれはある。中国がソ連、インド、ベトナムとの間で繰り返してきた国境紛争をみると、領有権争いが本格的な戦争に発展した例はない。中国が打ち出した「新たな大国関係」を認める米国が日中の領土問題に巻き込まれる事態を歓迎するはずがなく、米国の参入による紛争の拡大を心配する必要はないだろう。しかし、何より重要なのは、尖閣問題を一時棚上げして、日中双方が話し合いのテーブルに付く環境づくりを急ぐことである。

北朝鮮は攻めてくるだろうか。日本と北朝鮮との間には韓国があり、在韓米軍が駐留している。第二次朝鮮戦争になる中で、日本への攻撃が起こりうると考えるのが軍事常識といえる。だが、自滅につながる戦争に突入するほど、かの国の指導者は命知らずとは思えないのである。核開発、弾道ミサイルの開発を進めているのは、米国から攻撃されないための自衛手段であり、米国に対話を迫る政治的道具である。

国民の疑問に丁寧に答え、不安を解消していくのが政治家の務めのはずだが、安倍首相は違う。国内においては「わが国を取り巻く安全保障環境が一層悪化している」と繰り返して国民の不安をあおり、だから憲法解釈を変更して集団的自衛権の行使を容認しなければならないと声を張り上げる。

その一方で、過去の侵略戦争を否定するかのように「侵略の定義は定まっていない」と公言し、米国の「行くべきではない」とのメッセージを無視して靖国神社に参拝した。外交においては中国、韓国ばかりか米国までも刺激し続け、安全保障環境を自ら悪化させている。

憲法解釈を変更したいという思いは第一次政権当時から現れていた。二〇〇七年五月、集団的自衛権行使の容認派ばかりを集めた有識者懇談会を立ち上げたからである。

一回目の会合で安倍首相は「わが国を取り巻く安全保障環境はむしろ格段に厳しさを増している」とあいさつした。この状況認識は奇妙というほかない。当時と現在で同じ言い回しをしているが、同じ状況であるはずがない。

第一次安倍政権時代に北朝鮮が核実験を行ったのは二〇〇六年十月の一回だけだった。二回目と三回目の核実験、そして長距離弾道ミサイルの発射に成功したのも、また尖閣問題が浮上したのも第一次政権が終わった後である。第一次と第二次の現在では明らかに安全保障環境が異なるのに、同じ表現を使うのは、集団的自衛権の行使容認に踏み切ること自体に目的があり、踏み切る理由はどうでもよいからなのだろう。

行使容認へと舵を切る理由があいまいなだけではない。安倍首相は①攻撃を受けた米艦艇の防護、②米国を狙った弾道ミサイルの迎撃、③米国を攻撃している北朝鮮へ武器弾薬を輸送する船舶の検査、などの類型を示して行使容認の必要性を訴える。ひとつの場面ばかり切り取って示すのは不自然に過ぎる。

なぜ、素直に「米国が攻撃を受けた場合、日本は米国を守らなくてよいのか」としないのか。「世界最強の軍隊を持つ米国への攻撃などないのでは？」と国民に疑われることがないように「そうかも知れない」と思わせるトリックを使っているのではないのか。

安倍首相が示した類型は、米国が北朝鮮と戦争をすれば、在日米軍基地を抱える日本が巻き込まれる可能性が高いにもかかわらず、これを無視している。日本が武力攻撃を受け、自衛隊に防衛出動が下命され、そこで来援した米艦艇の防護は個別的自衛権の行使で可能になるというのが過去の政府見解である。米国を狙った弾道ミサイルの迎撃は、技術的に不可能であり、対処のしようがない。武器弾薬を運ぶ輸送船は米国が港湾を機雷封鎖すれば、北朝鮮に入れないので検討の余地さえない。

これらの類型に限って集団的自衛権行使を認めるとしても、行使する必要がないのだから、容認に踏み切ること自体に意味がない。なにより米国が他国から攻撃される日が来ないとしたら、自衛隊の活動に何の変化も呼び込まないことになる。

そのおかしさに気付いたのだろう。有識者懇談会の北岡伸一座長代理は「集団的自衛権を部分的に容認するのは法律の理屈としてあり得ない」(二〇一三年八月十四日『東京新聞』朝刊)と述べている。集団的自衛権は全面解禁されるべきだというのである。

こうなると話は違ってくる。米国が引き起こす、世界各地の戦争で自衛隊が米軍と一緒になって戦うことになる。北岡氏は「仮に米国が日本に集団的自衛権の行使を要請したとしても、時の政権が国民の納得を得られないと判断すれば、やらないだろう」(三月十六日『朝日新聞』朝刊)というが、この説明に納得する人がいるだろうか。

一九九一年の湾岸戦争で米国から求められ、ペルシャ湾に掃海艇を派遣したのを皮切りに、アフガニスタン戦争では「ショー・ザ・フラッグ(旗幟を鮮明にせよ)」と迫られ、イラク戦争では「ブーツ・オン・ザ・グラウンド(陸上自衛隊を派遣せよ)」と求められ、その都度、自衛隊を派遣してきたではないか。

イラク戦争を振り返ってみよう。小泉純一郎政権は自衛隊を現地へ送り込む際、北朝鮮が日本を攻撃した時、日本を守るのは米国だ、だから米国を支援するのだという論法を使った。派遣された自衛隊は武力行使せず、人道支援に徹したが、憲法解釈が変わっていれば、米軍の戦闘に参加していたとしても不思議ではない。現に安倍首相は自民党幹事長当時、雑誌のインタビューで、イラク戦争の英国のように日本も戦闘に参加すべきか、と問われ、「将来的には、それも課題だ」と答えている(二〇〇四年八月五日発行、ＡＥＲＡ臨時増刊『自衛隊どうなるどうする』)。

米国の知日派と呼ばれるグループは「アーミテージ・レポート」を三度にわたり発表し、

毎回、「日本が集団的自衛権行使を禁止していることが、米英関係のような正常な同盟関係の障害になっている」と見直しを迫る。米国の戦争で米国の若者に代わり、日本の若者が死んでくれるようになれば、米国の負担は減るのだから当たり前の要求かも知れない。この米国の要求を突っぱねてきたのが憲法九条である。安倍首相は頑強な防波堤を自らの意思で破壊しようとしている。

集団安全保障措置への参加、すなわち国連の多国籍軍への参加も憲法解釈を変更する理由のひとつに挙げられている。集団的自衛権の行使には反対でも国連の集団安全保障措置への参加であればやむを得ないと考える人はいるのではないだろうか。

一九九一年の湾岸戦争のあと、自民党は多国籍軍への参加について検討し、「実力行使を目的としない医療・輸送・環境保全などの人的協力にとどめるべきであり、それを越えた人的協力は差し控えるべきだ」との見解をまとめた。武力行使と一体化しない範囲であれば、多国籍軍への参加も可能という考えさせられる見解といえる。

だが、安倍首相は「積極的平和主義」を打ち出し、控え目な形での多国籍軍への参加には目もくれない。武力行使そのものにあたる「駆けつけ警護」に踏み切ったり、武力行使と一体化する支援活動に参加させたりしたいと主張して譲らない。

憲法と政策の整合性に苦悩してきた自民党政権は、安倍首相の手にかかるとまるで過去の遺物である。首相は政策を憲法の上位概念にすり替え、思うがままの日本につくり替えようとしている。肝心の政策は、差し迫った自衛隊の活動が予定されていないので、類型のように「もし……たら」「仮に……れば」ばかりで、まるで空想の世界だ。

この夢想家の勇ましさは、国内における自衛隊活動に波及している。見直しが検討されているのは、①離島に上陸した外国人を自衛隊が武器を使って排除する、②領海を潜って航行する潜水艦を武器を使って追い出す、③海外で日本人を救出するのに派遣した自衛隊の武器使用基準を緩和させる、などである。

どれほど武器を使わせたいのだろうか。海外への武器提供を禁じた「武器輸出三原則」も全面解禁し、「防衛装備移転三原則」と名前をごまかして戦争への加担を隠蔽《いんぺい》した。安全保障環境の悪化に、ここでも一役買おうというのである。

安倍首相は第一次政権で「戦後レジームからの脱却」を掲げた。再登板後は二〇一三年五月の参院予算委員会で一度、言及したにとどまっていたが、三月十四日の参院予算委員会で「私は戦後レジームから脱却をして、（戦後）七十年が経つ中で、今の世界情勢に合わせて新しい、みずみずしい日本をつくっていきたい」と述べるまでになった。

日本の戦後体制はサンフランシスコ講和条約から始まった。東京裁判(極東国際軍事裁判)を受諾し、国際社会へ復帰したのである。条約が規定する戦後の国際秩序からの脱却を試みるとするなら、戦後の方向性を示してきた米国が心穏やかでいられるはずがない。

日本の軍事的な役割の拡大は、日米安全保障条約に規定した「米国による日本防衛義務」と「日本による基地提供義務」という双務性を崩すことになる。「日米双方による相互防衛義務」が実現すれば、「基地提供義務」を見直すきっかけとなり、首相のいう「日米同盟の強化」とは裏腹に米国から距離を置くことになる。そのことを首相は認識しているだろうか。それこそが究極の狙いで、母方の祖父、岸信介首相のように自主防衛を目指すのだろうか。

二〇一三年十二月二十六日の靖国神社への参拝は、日本の首相として初めて米国から「失望した」と非難された。首相と側近が放つ歴史認識に関する強烈な言葉やその行動は米国、韓国、日本の三カ国の連携を困難にし、韓国を中国に向かわせて米国の国益を損なわせている。米国は安倍首相の存在こそが東アジアの不安定要因と考え始めているのではないだろうか。

「戦後レジームからの脱却」によって現れるのは「新しい、みずみずしい日本」などではない。「古くて、二度と戻りたくない戦前の日本」なのである。

本書は、安倍政権が憲法九条を空文化して「戦争ができる国づくり」を進める様子を具体的に分析している。法律の素人を集めて懇談会を立ち上げ、提出される報告書をもとに内閣が憲法解釈を変えるという「立憲主義の破壊」も分かりやすく解説した。

憲法解釈が変更され、集団的自衛権が行使容認となれば、将来、起こるかも知れない「第二次朝鮮戦争」で何が起こるのかを自衛隊の極秘文書を基に詳細に記した。米国から「強固な国粋主義者」と呼ばれる首相の驕《おご》り、勘違いの数々と、憲法の枠内で頑張る自衛隊の活動との落差も知ってほしい。自衛隊の中に潜《ひそ》む、首相と共通する心情が目覚めかねない危険も書き込んでいる。

＊本文中の肩書はいずれも当時。年号に記載がないのは二〇一四年。また本文中の写真で出典記載のないものは著者による撮影。

目次

第1章
不安定要因になった安倍首相

靖国神社に参拝する安倍首相(2013年12月26日，毎日新聞)

靖国参拝の波紋

首相就任から丸一年が経過した二〇一三年十二月二十六日、安倍晋三首相は靖国神社に参拝した。日本版ＮＳＣ（国家安全保障会議）を立ち上げ、特定秘密保護法を強行成立させた秋の臨時国会が終わり、年明けの通常国会まで政治の空白があり、野党の追及を受ける心配がない。中国、韓国との関係は既に最悪であり、修復しそうもない。今なら参拝しても、失うものはそれほど大きくないと考えたのではないだろうか。

振り返れば、第一次安倍政権の二〇〇六年十月八日、就任後二週間も経たずに中国を訪れ、戦後初めて中国を最初の訪問国に選んだ首相となった。小泉純一郎首相が二〇〇一年の就任後、一度訪中して以降靖国参拝を続け、中国側から首脳会談を断られて極端に悪化した日中関係を修復するところから始めたのだ。

安倍首相は小泉政権の官房長官として「政治問題を達成するために『会わない』という外交手段をテコに使うのは明らかに間違っている」と中国を批判していたが、首相に就任するや、ただちに関係修復に動いた。第一次政権で靖国神社へ参拝せずに終わったことがよほど無念だったのだろう、のちに「痛恨の極み」と語った。

第二次政権ではどうするのか、国内外から注目が集まる中での参拝だった。予想通り、中国、韓国の反応は激しかった。中国外務省の報道官は「正当な道理や正義に対する傲慢で狂気じみた挑戦だ」と非難し、韓国政府は「嘆きと憤怒」と批判した。動揺は東南アジアにも広がり、シンガポール政府は「遺憾の意」を表した。

首相にとって予想外だったのは米政府の反応だっただろう。米国大使館の報道官が「米国政府は失望している」との声明を発表した。靖国参拝の是非には触れず、「近隣諸国との緊張を悪化させるような行動を取ったことに失望している」とした。また米国務省の報道官は「参拝そのものに論評を加えたものではなく、中国や韓国との関係悪化を懸念したもの」と解説した。

安倍首相は第二次政権が発足した後、靖国神社の春の例大祭で真榊《まさかき》を奉納するにとどまったが、終戦記念日の八月十五日には萩生田《はぎうだ》光一衆院議員(自民党総裁特別補佐)を代理参拝させ、玉串料を奉納した。春より一歩踏み込んだことから、秋の例大祭は参拝するのでは、との観測が広がった。

それが春の例大祭と同じく、真榊の奉納にとどまったのには理由がある。秋の例大祭直前の十月三日、東京で日米安全保障協議委員会(2+2《ツープラスツー》)が開かれた。来日したケリー国務長官とヘーゲル国防長官の二人は同日午前、都内の千鳥ヶ淵戦没者墓苑を訪れ、献花した。外務省幹部は米国の閣僚による同墓苑の訪問について、「聞いたことがない。米国大使館と千鳥ヶ淵墓苑との間で調整したのだろう」と驚き、日本政府の頭越しだったことを認めた。

千鳥ヶ淵戦没者墓苑は、太平洋戦争後の一九五九年、「無名戦没者の墓」として創建され、三十五万八千二百五十三柱が納められている。毎年五月に厚生労働省が主催する慰霊行事として拝礼式が行われる。宗教色はない。

一方、靖国神社は明治時代、戦死した官軍の死者を祀《まつ》る特別な神社として建立され、太平洋大戦を含め、亡くなった軍人二百四十六万人が「英霊」として祀られている。東京裁判で有罪となった東条英樹元首相らA級戦犯十四人も合祀されている。中国や韓国が首相や閣僚の参拝を問題視するのは、参拝すればA級戦犯を含めて追悼することになるからだ。しかし、A級戦犯を分祀しても問題が解決することにはならない。

靖国神社は旧陸軍省、旧海軍省が管理し、国民は「国のために戦って死ねば靖国神社で神様になれる」と教え込まれた。国民を戦争へ向かわせる仕掛けだったのである。

太平洋戦争で亡くなった二百三十万人のうち、六割が餓死だったとの説がある（藤原彰『餓《う》死《え》死《じに》した英霊たち』青木書店）。物資供給ができないほどの無謀な作戦は「十死零生」の特攻と共通するもので、戦争を指導した軍部の「人災」による「野垂れ死に」を隠すため「英霊」として靖国神社に祭り上げ、責任追及の矛先をかわした。「人命軽視」「責任回避」が旧日本軍の専売特許といえる。戦後、同じ境内につくられた「遊就館」の展示内容をみれば、現在の役割が太平洋戦争を正当化することにあるのは明らかだろう。

安倍首相は二〇一三年五月、米国の外交専門誌『フォーリン・アフェアーズ』のインタビューで米軍の戦死者が眠るアーリントン墓地へ行くことと靖国参拝を同列視し、「靖国神社参拝は国のために命を捧《ささ》げた人たちのためであり、日本の指導者としては極めて当然のことだ」と答えている。

アーリントン墓地は国立施設であり、各国首脳が訪米した際、献花するのは珍しくない。ケリー、ヘーゲル両氏による千鳥ヶ淵戦没者墓苑への献花は、アーリントン墓地に近いのは千鳥ヶ淵戦没者墓苑であるとの米政府の考えを示し、安倍首相の「靖国参拝は極めて当然」との主張を否定するメッセージであった。

それでも首相は参拝した。第一次政権の訪中でみせた政治家としてのバランス感覚は、どこへ行ったのだろうか。自らの願望を最優先し、各国から批判されると「誤解だ」と主張した。誤解とは、自分は正しいのに間違って理解されているとの意味であり、相手への非難がにじむ。

側近の衛藤晟一《えとうせいいち》首相補佐官は動画投稿サイト「ユーチューブ」に公開した動画の中で、米国の失望に「われわれの方が失望した」と批判した。動画によると、衛藤氏は、十一月二十日の訪米時に国務省のラッセル次官補やアーミテージ元国務副長官に「総理はいずれお参りをする。そのことについて理解をお願いしたい」と伝え、米国側からは「中国や韓国がいろいろ言うと大変だから慎重にやってほしい」との反応があったという。次に十二月初旬に米国大使館を訪問し、靖国参拝に「反対しないでもらいたい」と伝えたところ、首席公使は「慎重に」と応じたという。

米国は「靖国参拝は見送るべきだ」との考えで一貫していたことが分かる。首相や取り巻きは、米国の考えを知っていながら無視したのである。

一月二十四日、防衛省を訪問したバーンズ米国務副長官は小野寺五典《いつのり》防衛相が聞いてもいないのに「失望」の意味を説明した。「韓国との関係を良くすることが地域の情勢にとって重要だから言っているのだ」。韓国との関係が悪化すれば、北朝鮮への共同対処が困難になり、朝鮮半島情勢は不安定化する。同時に韓国に中国への接近をうながし、米韓関係を弱めかねない。いずれにしても米国の国益にならないということである。

二月、米議会調査局(CRS)は日米関係に関する報告書を公表し、「安倍晋三首相の歴史観は、第二次大戦に関する米国人の認識とぶつかる危険性がある」として、靖国参拝に踏み切った首相に懸念を示した。

そして報告書は「首相が米国の忠告を無視して靖国を突然訪問したことは、両政府の信頼関係を一定程度損ねた可能性がある」と分析した。安倍首相の存在こそが、東アジアの不安定要因と米国は考え始めているのではないのか。

在日米軍の奇妙な動き

在日米軍をめぐる奇妙な出来事は、首相の靖国参拝と無関係だろうか。二月十日、都心の日本プレスセンターで行われた在日米軍のアンジェレラ司令官の講演会は「司令官は雪のため来られない」という主催者の説明から始まった。

東京に二十年ぶりの大雪が降ったのは二日前の八日だった。講演当日は前日に続いて晴れて道路に雪は残っていなかった。記者でいっぱいになった会場では「われわれが来ているのになぜ、来られないのか」「不測の事態が発生しているのか」との疑心暗鬼が渦巻いた。

講演は東京郊外にある横田基地との間を電話で結び、声だけで行われた。講演後、最初の質問はこんな内容だった。

「米軍は世界最強と理解している。そんな米軍の危機管理に不安を覚える。なぜヘリコプターで来ないのか、飛べないならなぜ、車で来ないのか」

横田基地から都心に来る高級将校は米軍のヘリコプターを使い、六本木の在日米軍基地「赤坂プレスセンター」まで来て、車に乗り換える。

アンジェレラ司令官は「今回は記録的な大雪だった。われわれは雪に馴れていないので、都内で交通事故を起こすわけにはいかなかった」と、雪の影響と強調した。繰り返すが道路に雪は残っていなかった。

米軍をめぐるおかしな動きは、ほかにもあった。

場所は変わって同月七日、高知県。南海トラフ巨大地震を想定した日米共同防災訓練で、米軍は当日になって新型輸送機オスプレイの派遣を含め、すべての訓練への不参加を通告してきた。急きょ、プログラムが変更され、日本側だけの訓練となった。

オスプレイは当日朝、配備先である沖縄県の普天間基地から山口県の岩国基地を経て、飛来する予定だった。防衛省によると、米軍は天候不良から参加を取りやめたという。

沖縄は晴れ、山口は朝にみぞれが降ったものの、沖縄、山口とも民間の定期便は予定通り、飛んだ。高知は雨だったが、自衛隊や高知県のヘリコプターは問題なく飛行した。オスプレイの飛来に反対していた市民は「この程度の天候で飛べないのか」と驚いたようだ。

昨年十月、滋賀県であった日米共同訓練は台風二十六号による風雨の中、オスプレイは飛来した。だが、高知の訓練は真冬だ。冬の荒天時には飛べないのだろうか。製造元のボーイング社は「マイナス十七度からセ氏五十度まで極端な温度の中でのテストをし、合格している。いかなる気象条件のもとでも運用できるように設計されている」と否定する。

では、不参加の本当の理由は何なのか。オスプレイは二月から三月にかけて新潟、群馬両県での日米共同訓練に参加する予定だったが、一月中に米側がキャンセルした。在日米軍は「昨年十一月、台風被害に遭ったフィリピンに派遣されており、演習参加に必要な飛行訓練が実施できていない」と説明するが、日米共同訓練は、フィリピンから日本に戻って三カ月も後に実施される。この間に飛行訓練ができないはずがない。

米国防予算は歳入不足による強制削減が始まっている。だが、在日米軍司令部は「日本との協力関係に影響は及ぼさない」と明言しており、予算不足が不参加の理由とは考えにくい。

在日米国大使館関係者は「本国からトップレベルの交流を除き、各級の軍事交流を中止するよう指示が来ている」と驚くべき話をする。在日米軍の相次ぐドタキャンは、安倍首相の靖国参拝が米国の虎の尾を踏んだとの警告ではないのか。これ以上、韓国との関係悪化を招くことは許さないというメッセージではないだろうか。

民主党政権で鳩山由紀夫首相は沖縄の普天間基地の移設先を、自民党政権で決めた沖縄県名護市から「国外、少なくとも県外」と表明し、日米関係は悪化した。しかし、安倍首相が引き起こした靖国参拝や歴史認識の問題は、韓国とのさらなる関係悪化を呼び込み、米国は看過できないところまで来ている。

四月来日のオバマ米大統領は、二泊三日の国賓としてもてなそうとした日本側の提案を当初、断り、日本と韓国を一泊二日ずつ公平に分けた。結局、日本に三日間滞在したあと、韓国を訪問したが、国賓にもかかわらず東京・赤坂の迎賓館には宿泊せず、都内のホテルに泊まるという異例の事態となった。日本の好意は丸飲みしないとの韓国向けのメッセージとみられ、日韓の関係改善を急がなければならない米国の立場を物語った。

話を講演会に戻そう。「もし中国軍が尖閣諸島に上陸し、自衛隊が排除にかかったとき、米軍はどうしますか」。そう質問されたアンジェレラ司令官は「われわれの態度は前から言っている通りだ。いかなる脅しにも威圧にも、現状を変更するような軍事力行使にも反対する。あなたが示唆するような行動を中国がしないように奨励するのみだ」と答え、日中の話し合いによる解決を求めた。

この回答は過去の米政府の見解をなぞったに過ぎない。米国は尖閣諸島について「日米安保条約が適用される」としながらも、「日中でよく話し合ってほしい」と繰り返している。質問者は「武力衝突が起きたらどうする」と聞いているのに、アンジェレラ司令官は、公式見解を踏み越えようとはしなかった。

「オバマに嫌われている」

二〇一二年十二月、吉田茂以来、二度目の首相の座に着いた安倍晋三首相は、最初に訪米を計画した。ところが、日本政府が希望した一月中の日米首脳会談を米側は「多忙」を理由に断ってきた。日本の首相を事実上、受け入れないとする米国の態度は極めて異例だった。

考えられる原因のひとつが、首相就任直前の同年十一月、同月四日付で米ニュージャージー州の地元紙『スターレッジャー』へ従軍慰安婦に関する意見広告を掲載したことである。「女性たちが日本軍によって意に反して慰安婦にさせられたことを示す歴史的文書はない」「彼女たちは性奴隷ではなく、当時世界中のどこにでもある公娼制度の下で働いていた」として、日本政府の責任を否定した。

ニュージャージー州は、韓国系米国人が多く居住する同州パリセイズパーク市の公立図書館に、旧日本軍に性奴隷にされた女性たちの記念碑が建立された、日韓対立のシンボル的な土地である。従軍慰安婦問題の焦点は、連行時の強制性の有無にとどまらず、女性たちが意に反して日本軍の管理下で性的虐待を受けたこと自体にあり、国際社会では「日本政府による人権侵害」と受けとめられている。

米議会下院は第一次安倍政権で首相が「強制性を示す客観的な証拠はなかった」と発言したあとの二〇〇七年七月、日本政府に従軍慰安婦問題について謝罪するよう求める決議を採択している。

米国の厳しい反応に挑むような広告を出した安倍氏は、その後、再び首相となり、意見広告に名前を連ねた政治家の多くは閣僚になるか、政府や党の要職に就いた。古屋圭司国家公安委員長、稲田朋美行革担当相、下村博文文科相、新藤義孝総務相の四人が閣僚となり、世《せ》耕弘成《こうこうせい》内閣官房副長官、衛藤晟一首相補佐官、高市早苗自民党政調会長が役職を与えられたのである。

オバマ大統領は、人権派弁護士として貧困層の救済を進めて高い評価を受けたことをきっかけにイリノイ州議会議員を経て、米上院議員、そして大統領に上り詰めた人物である。安倍政権に好意を抱くはずがない。

米政府が安倍首相と距離を置いたもうひとつの理由は、安倍首相や自民党が歴史認識の見直しにこだわることにある。安倍首相は、過去の植民地支配と侵略への痛切な反省と心からのおわびを示した一九九五年の「村山談話」、また慰安所設置に旧日本軍が関与したとの九三年の「河野談話」の見直しを公言した。

安倍首相は、二〇一三年四月二十三日の参院予算委員会で「村山談話」について聞かれ、「侵略という定義は学会的にも国際的にも定まっていない。国と国との関係でどちらから見るかで違う」と答弁した。明らかに間違っている。

一九七四年の国連総会決議３３１４は「侵略とは、国家による他の国家の主権、領土保全もしくは政治的独立に対するまたは国際連合の憲章と両立しないその他の方法による武力の行使であって、この定義に述べられているものをいう」と侵略の定義を明快に示し、条文で具体的な侵略行為を挙げている。日本は、もちろん賛成し、全会一致で決議された。

中国、韓国から批判されると安倍首相は「どんな脅しにも屈しない」と反論するに至り、米国でも安倍批判が噴出した。『ワシントンポスト』(二〇一三年四月二十六日電子版)は「歴史を直視していない」と安倍首相を批判する社説を掲載、米議会調査局は同年五月一日の報告書で首相を「強固な国粋主義者」と表現した。米国からも冷やかな目でみられるようになり、安倍首相のもと日本は孤立への道を歩み始めたといえるだろう。

就任から二カ月後の二月二十二日、ワシントンD・Cのホワイトハウス。オバマ大統領と会った安倍首相は、日本の首相として初めて集団的自衛権行使の検討を始めたことを伝えた。オバマ大統領は「日米同盟はアジア太平洋の礎だ」とごく当たり前の言葉で返してそれ以上は踏み込まず、「両国にとって一番重要な分野は経済成長だ」とかわした。

安倍首相は参院選挙後とみられた環太平洋連携協定(TPP)への参加を検討すると踏み込んで伝えたが、オバマ大統領の態度は変わらなかった。本来、日本政府が希望した一月中の日米首脳会談を米側は断り、双方の事務方がTPP参加検討について、日本側が伝えることを条件に一カ月遅れの会談が実現した。いずれの首脳会談でも話し合う中身は、事前に決まっている。それでも、驚いたり、喜んだりを演じるのが首脳の役割である。それにしてもオバマ大統領の態度は、あまりにもそっけなかった。

冷遇ぶりは、二〇一三年五月に初めて訪米した韓国の朴槿恵《パククネ》大統領のためにオバマ大統領と並んで行う共同記者会見が用意され、米議会での演説が認められたのと比べても明らかである。安倍首相は共同記者会見も、米議会での演説もなく、ワシントンD・Cの保守系シンクタンクで講演するにとどまった。

中国の習近平国家主席との初会談はその一カ月後の六月、オバマ大統領が西海岸のカリフォルニア州に足を運んで行われた。会談は二日間に及び、夕食などを含めて合計八時間以上となった。経済大国となり、軍事力強化を進める中国である。米国がより理解を深めなければならない相手とはいえ、昼食を入れても一時間四十五分で終わった安倍首相との会談とは比べようもない。

日本は中国との間で尖閣諸島の問題を抱えている。集団的自衛権行使の検討を手土産に中国との戦争に巻き込まれてはかなわない、米国はそう考えているのではないだろうか。

米国にとって最大の輸入相手国は日本ではなく、中国である。中国の統計によれば、二〇一二年最大の輸出相手国は米国で三千五百億ドル(三十五兆円)。米国からの輸入は一千三百億ドル(十三兆円)で、米国にとっては赤字である。米国の対中貿易赤字は増え続けており、中国は対米輸出で蓄えたドルで米国債を買い続け、保有残高は一兆三千二百億ドル(百三十二兆円)に達した。米国債が暴落すれば、米中双方が大きな打撃を受けるのは間違いなく、両国は抜き差しならない相互依存の関係になっている。「新たな大国関係」。中国が使い始めた両国間を規定する新語をオバマ政権も採用した。

そんな米国が安倍首相が幅を利かす日本の、それも無人島のやり取りに介入して国益を損なう事態を歓迎するはずがない。安倍首相の「集団的自衛権行使を検討」の誘い水に乗らなかったのもうなずける。

オバマ政権はブッシュ大統領から引き継がれたアフガニスタン戦争、イラク戦争により、毎月一兆円もの戦費が国庫から消えた結果のマイナス財政からのスタートを余儀なくされた。二つの戦争に投下された戦費は少ない累計でも百五十兆円にものぼり、オバマ大統領の政策遂行を妨害してきた。大統領は、まずイラクから軍を全面撤退させた。アフガニスタンからも二〇一四年末には撤退させる。

三期目はない二期目に突入したオバマ大統領にとって、必要なのは政策実現のための財政の建て直しであり、戦争遂行ではない。予算の強制削減を開始する中で、削減額の半分にあたる五百五十億ドル（五兆五千億円）を国防費の歳出カットで賄《まかな》うことにしたところにも大統領の考えがみてとれる。

二〇一三年七月二十一日の参院選挙投開票後、選挙結果を特報したテレビ番組のキャスターを務めた池上彰氏は、安倍首相にこう質問した。

「オバマさんと安倍さんは一回会っただけ。サミットでも個別会談はできなかった。一方で、中国とは二日間にもわたって会談してるし、韓国とも会談してる。オバマさんって安倍さんのことは嫌いなんじゃないですか」

すると安倍首相は苦笑いして「いえ、日米は同盟関係だから大丈夫です」と答えた。「嫌われていませんよ」と否定せず、日米関係は強固だから問題ないとすり替えたことから、オバマ大統領と「良好な関係にない」ことを認める結果になった。

同年六月十七〜十八日、英国の北アイルランドで開かれた主要国首脳会議(G8サミット)で、オバマ大統領は安倍首相との会談に応じず、短時間立ち話をしたとされる。

会員制交流サイト「フェイスブック」の六月十八日「安倍晋三」のページにはオバマ大統領と並んで歩く画像が掲載され、「サミットの第一セッションにオバマ大統領と共に向かうところです。サミットに向けて諸々話しました。(ゴルフ談議も含めてですが。)」とある。歩きながら、しかもゴルフ談議をしながら日米の重要問題が話し合われたはずがない。

「日米同盟の強化」を繰り返す安倍首相。その実現のために首相自身が最大の障害になっている。負い目があるからこそ、米国が望むものを差し出す必要に迫られる。それこそが、米国が長年にわたり、日本に求めてきた集団的自衛権行使と考えているのではないのか。

フェイスブックで元官僚を批判

奇妙なのは、安倍政権が中国、韓国との関係を修復することより、両国民の感情を刺激し続け、対立の芽を育てることに熱心であるようにみえる点である。従軍慰安婦問題が韓国を刺激し続ける火種だとすれば、靖国神社への首相参拝は中韓両国を急接近させ、世界に「軍国主義路線を歩む日本」を強くアピールし続ける燃料になった。

二〇一三年、靖国神社春の例大祭は麻生太郎副総理など閣僚三人を含む国会議員百六十八人（うち自民党百三十二人）が公式参拝した。マスコミが参拝した国会議員の記録を始めてから最多である。

サンフランシスコ講和条約が発効し、日本が独立を回復した四月二十八日を、二〇一三年初めて「主権回復の日」に制定した。その記念式典に出席した天皇、皇后が会場から退場する際、万歳三唱で見送った様子は、「天皇陛下万歳」を叫んだ

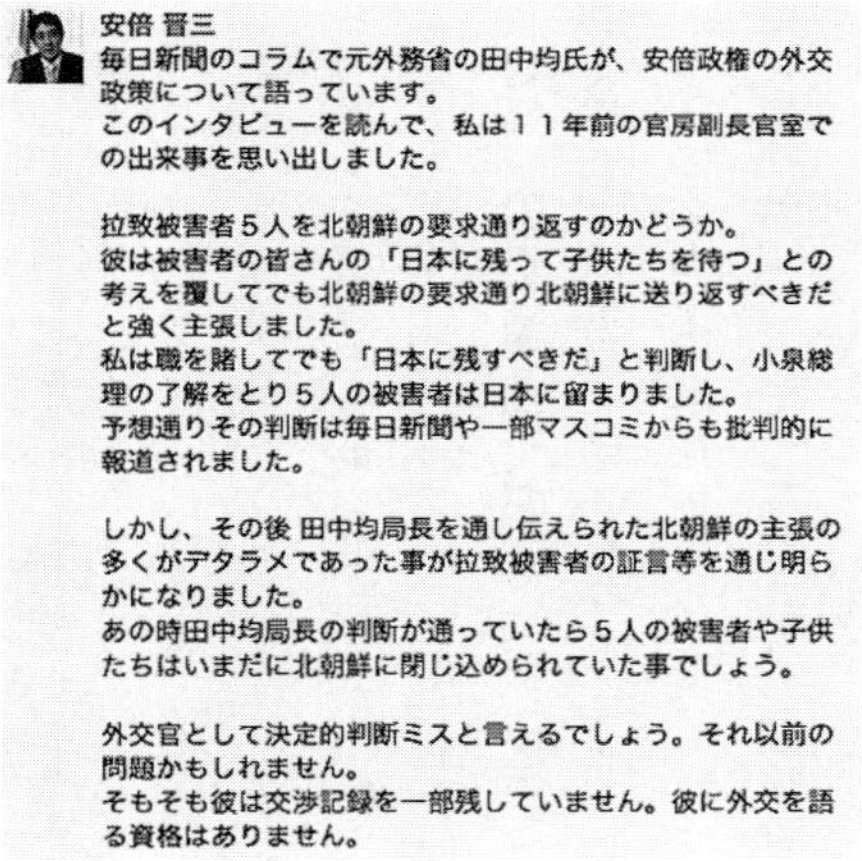
安倍 晋三
毎日新聞のコラムで元外務省の田中均氏が、安倍政権の外交政策について語っています。
このインタビューを読んで、私は１１年前の官房副長官室での出来事を思い出しました。

拉致被害者５人を北朝鮮の要求通り返すのかどうか。
彼は被害者の皆さんの「日本に残って子供たちを待つ」との考えを覆してでも北朝鮮の要求通り北朝鮮に送り返すべきだと強く主張しました。
私は職を賭してでも「日本に残すべきだ」と判断し、小泉総理の了解をとり５人の被害者は日本に留まりました。
予想通りその判断は毎日新聞や一部マスコミからも批判的に報道されました。

しかし、その後 田中均局長を通し伝えられた北朝鮮の主張の多くがデタラメであった事が拉致被害者の証言等を通じ明らかになりました。
あの時田中均局長の判断が通っていたら５人の被害者や子供たちはいまだに北朝鮮に閉じ込められていた事でしょう。

外交官として決定的判断ミスと言えるでしょう。それ以前の問題かもしれません。
そもそも彼は交渉記録を一部残していません。彼に外交を語る資格はありません。

過去の戦争の記憶を呼び起こさせる役割を果たした。

安倍晋三首相の人物像を知る手がかりとなる言葉が本人のフェイスブックに掲載されている。二〇一三年六月一二日付の『毎日新聞』のインタビュー記事で、田中均元外務省アジア大洋州局長が「外国での国際会議などで、日本が極端な右傾化をしているという声が聞こえる」と安倍首相の政策を批判したのに反発して、この日のうちに書き込んだものだ。

安倍首相は、二〇〇二年に北朝鮮から一時帰国した拉致被害者五人の扱いをめぐる官邸の議論で、田中氏が「北朝鮮に送り返すべきだ」と主張したと指摘。官房副長官だった自分は小泉純一郎首相の了解をとって日本にとどめたと紹介している。

さらに「田中均局長を通し伝えられた北朝鮮の主張の多くがデタラメ」と批判し、「田中均局長の判断が通っていたら五人の被害者や子供たちはいまだに北朝鮮に閉じ込められていた」と強調した。「外交官として決定的判断ミス」「そもそも彼は交渉記録を一部残していません。彼に外交を語る資格はありません」と散々にけなしている。

日本の首相がこれほど感情的な文章を公表した例はほかに知らない。秘密にすべき外交にかかわる政府内部のやり取りを、だれでも読むことができるフェイスブックで公にした点も注目に値する。

田中氏はインタビューで、北朝鮮の拉致問題には一切触れていない。「安倍晋三首相の侵略の定義や河野談話、村山談話をそのまま承継するわけではないという発言や、麻生太郎副総理らの靖国参拝(略)などで、いわゆる右傾化が進んでいると思われ出している」と安倍政権の右傾化が日本攻撃の口実にされかねないと指摘しているにすぎない。

安倍政権に対するもっともな見方だが、身内同然だった官僚から批判されたことに我慢がならなかったのだろう。子どものように筋違いの過去の因縁話を暴露して、うっぷん晴らしをする様は首相の品格を疑わせる。

安倍首相の勘違いは今に始まったことではない。首相になる前の二〇一二年十一月、自由民主党総裁として都内で講演し、「今から(海上保安庁の巡視船を建造するための)予算をつけても、船ができるのは二年後だから間に合わない。退役した自衛艦を海保に移し、即応予備自衛官を海保に編入させる必要がある」と訴えた。

おかしな主張だった。海上保安庁の巡視船は重油で動くディーゼル・エンジンであるのに対して、海上自衛隊の護衛艦は軽油のガス・タービンエンジンというようにエンジン構造が異なるため、海保が護衛艦を受け取っても使いこなせないからだ。講演前に退役予定だった「みねゆき」「さわゆき」は海保に編入されることなく、予定通り退役した。小野寺五典防衛相は海上保安庁に検討するよう求めたが、時間の無駄だった。

もっとトンチンカンなのは、海保に即応予備自衛官を編入させるとの主張だ。即応予備自衛官は約五千八百人いるが、すべて陸上自衛官である。陸上戦闘のプロを船乗りにしろというのは筋違いに過ぎる。安倍首相は二〇〇六年から〇七年まで首相として自衛隊の最高指揮官でもあったが、護衛艦のことも、即応予備自衛官のことも知らなかったと考えるほかない。この勘違い発言は価値ある提言のように報道され、マスコミの無知が証明されることにもなった。


「こういう憲法でなければ、横田めぐみさんを守れた……」


勘違いというより、事実をねじ曲げた発言もある。二〇一三年二月十五日にあった自民党憲法改正推進本部で安倍首相はあいさつの後、非公開の場で約十五分間講演した。

翌日の『朝日新聞』によると、安倍首相は北朝鮮による拉致被害者を引き合いに出して「こういう憲法でなければ、横田めぐみさんを守れたかもしれない」と改憲を訴えたという。

一九七〇年代から八〇年代にかけて日本各地であった失跡事件について、警察庁は当時から北朝鮮による拉致と確信していた。しかし、政治がその重い腰を上げるのは二〇〇二年、小泉純一郎首相の訪朝まで待たなければならなかった。

北朝鮮と向き合ってこなかったのは自民党政権の問題であって、憲法の問題ではない。日本が改憲して「国防軍」を持てば、北朝鮮は頭を下げ、拉致事件は解決するのだろうか。では、日本とは異なる憲法を持ち、国防軍が存在する韓国でも五百人近い拉致被害者がいる理由を安倍首相はどう考えているのか。

同じ日の『東京新聞』は講演内容を次のように伝えている。出席者によると、首相は「憲法に由来する問題点」として、一九七七年に日本航空機がハイジャックされバングラデシュのダッカに強制着陸、政府が日本赤軍の要求に応じて服役囚を釈放した事件を紹介した。「憲法に抵触するために警察や自衛隊による救出作戦ができず、テロリストに屈したと世界から非難された」と説明したという。

安倍首相は「世界から非難された」というが、七〇年代に世界で多発したハイジャック事件で、犯人の要求を飲んでテロリストを釈放するのは珍しくなかった。日本を含め、多くの国が強硬手段に訴える特殊部隊を持たなかったからである。

ダッカ事件と同じ年にルフトハンザ航空機が乗っ取られたとき、旧西ドイツの国境警備隊に属する特殊部隊「ＧＳＧ９」が急襲して人質全員を解放できたのは、一九七二年のミュンヘン・オリンピックで十一人が殺害される事件をきっかけにGSG9が設立されたからである。

日本ではダッカ事件を契機に特殊部隊の設立が検討され、一九九六年、警視庁、大阪府警など七つの警察に特殊部隊「SAT」が正式に誕生した。今では、ハイジャック事件はこのSATが対応している。

安倍首相は「憲法に抵触するために警察や自衛隊による救出作戦」ができなかったというが、当時SATは存在していなかったのだから仕方ない。あるいは犠牲者が出ることを覚悟してでも強硬手段に訴えることは不可能ではなかった。だが、「一人の生命は地球より重い」といって犯人の要求に従ったのは当時の福田赳夫首相の判断であり、憲法の問題ではない。

なぜ、事実をねじ曲げるのだろうか。憲法を変えれば日本はよくなるという半ば信仰に似た思い込みがあるのだろうか。安倍首相はアメリカやイギリスをまねて「日本版NSC（国家安全保障会議）」を設置した。これらの事実からみえてくるのは、改憲や組織改編が外交や安全保障の問題を解決すると考える、安易な姿勢である。問題を解決するのは政治力なのだが、安倍首相の場合、その政治力を憲法解釈の変更や組織改編のために使うという堂々巡りに陥っている。

前出の『毎日新聞』のインタビューで田中氏が述べている通り、「現実的な道をとろうとしていると思う。しかし、あまりそれを繰り返すと、根っこはそういう思いを持っている人だと定着してしまう」との指摘はあたっている。

解釈改憲狙った内閣法制局人事

近隣諸国との緊張を高めてナショナリズムをあおり続ける背景には「占領期に米国から押しつけられた日本国憲法を否定し、自主憲法を制定する」との強い意思を示す狙いがあるのだろう。

安倍首相が目指す自主憲法とは何か。安倍首相は二〇一三年四月十七日付『読売新聞』朝刊で「(民主党の)細野幹事長は九十六条改正論のことを『メニューがないのに、とりあえずレストランに入って下さいと言っているようなものだ』と批判しますが、これもおかしい。自民党は憲法改正草案をすでに示しているんですね」と答えている。自民党の憲法改正草案こそが、目指すべき憲法というのである。

二〇一二年四月に発表した「自民党憲法改正草案」は、驚くべき内容である。現行憲法の特徴である「国民の権利や自由を守るため国家や為政者を縛るための憲法」は、「国民を縛るための国家や為政者のための憲法」に主客転倒している。近代憲法の本質が権力者が暴走しないよう縛る「立憲主義」をとっているのに対し、自民党草案は権力者の側から国民を縛る逆転の論理に貫かれている。

天皇を国家元首に祭り上げ、国防軍を創設して平和主義を踏みにじり、公益や公の秩序のために基本的人権を抑圧する。天皇を含む権力者とその取り巻きの幸福のために国民に犠牲を強いるのだ。

上滑りしたナショナリズムに踊らされ、改憲に賛成した国民がある日、「そんなはずではなかった」と反対の意思を表明しようとすれば、自民党憲法下では「公益及び公の秩序」を乱すとして集会・結社・表現の自由を規制してくる。国家のために国民は生命を含め、すべて捧げ尽くすことを求めるのが自民党憲法改正草案の特徴といえるだろう。

二〇一二年の衆院選挙の結果、衆院は改憲勢力である自民党、日本維新の会、みんなの党の三党を合わせて総議員数の三分の二を占め、憲法第九十六条で定めた議席数を確保した。翌一三年の参院選挙が注目されたが、橋下徹共同代表による従軍慰安婦発言が問題となり、維新の会が失速、三党合わせても三分の二の議席には届かなかった。

安倍首相は参院選挙の投開票翌日の記者会見で、「腰を落ち着けて進めたい」と述べ、ただちに改憲に踏み切ることを見合わせるとした。そして「集団的自衛権の行使容認は引き続き、議論を進める」として「安全保障の法的基盤の再構築に関する懇談会（安保法制懇）」での議論を開始する考えを示した。

だが、安倍首相はいまこそ「必要かつ十分な好機」とみているのではないだろうか。憲法記念日に合わせて行われたマスコミ各社の世論調査で、憲法改正に賛成するとの回答は反対するとの回答を上回った。しかし、各論になると戦争放棄を定めた九条改定や改憲規定の第九十六条を緩めることには反対が上回る例が増え、怪しくなる。

国民投票の結果、反対多数となり、改憲に失敗すれば、「残念でした」で済むはずがない。国民の信任を受けなかった政権は退陣を覚悟しなければならない。そんな危険を冒すことなく、改憲したのと同じ効果が得られるのは解釈改憲に踏み切り、都合のよい新解釈を定着させることである。

安倍首相はその第一弾として、「憲法の番人」である内閣法制局の長官に集団的自衛権の行使容認に前向きとされる小松一郎駐仏大使を就任させた。法令解釈を専門とする第一部長、次長を経て長官に就くのが通例の内閣法制局にあって、一度も法制局勤務のない小松氏の就任は異例中の異例。集団的自衛権について歴代内閣が踏襲してきた「独立国家として保有しているが、憲法上、行使は許されない」との解釈を見直すことに狙いがあるのは明らかだろう。

しかし、内閣法制局が憲法解釈を見直した例は「過去に一件」しかない。「文民」条項の見直しがそれにあたり、第六十六条二項「内閣総理大臣その他の国務大臣は、文民でなければならない」との解釈をめぐり、「文民」を軍国主義に深く染まった職業軍人を除いた者として「自衛官は文民であるから防衛庁長官への就任は可能」(一九五四年四月十二日衆院内閣委員会、木村篤太郎保安庁長官)と答弁していたが、のちに武力組織の中に職業の地位を持たない者と狭く定義し、「自衛官は国務大臣には就任できない」(一九六五年五月三十一日衆院予算委員会、高辻正巳内閣法制局長官)と答弁を変えた。内閣法制局によれば、憲法解釈を変更したのは、この一件だけというのだ。

内閣法制局はもちろん一行政組織に過ぎない。それでも歴代内閣から信頼されてきたのは、政策実現を支援する立場を崩すことなく、時には政策の違憲性について率直に具申することにより、「法治国家」の足場を強固にする役割を果たしてきたからである。今回、安倍首相が解釈変更を目指すのは、六十年続く憲法論議の真ん中にある第九条である。小松氏は内閣法制局が示してきた解釈を「法理」で覆せるだろうか。

首相による「クーデター」

内閣法制局のあり方について、佐藤栄作内閣の内閣法制局長官で、最高裁判事、法務相も務めた高辻正巳氏は、以下のように記している。

「内閣法制局の使命は、内閣が法律的な過誤をおかすことなく、その施策を円満に遂行することができるようにするという、その一点にある。そうである以上、同局の法律上の意見の開陳は、法律的良心により是なりと信ずるところに従ってすべきであって、時の内閣の政策的意図に盲従し、何が政府にとって好都合であるかという利害の見地に立ってその場をしのぐというような無節操な態度ですべきではない」（『時の法令』七九三号、一九七二年八月三日）

小松氏にかみしめてほしい言葉である。ただ、仮に小松氏が安倍首相の意に沿わない結論を出した場合、内閣の人事権を利用して望む解釈を示す人物と交代させるのではないだろうか。安倍首相は憲法解釈の変更へ向けて一直線に突き進もうとしている。

二〇一四年一月に開会された通常国会で安倍首相は解釈改憲までの道筋を次のように示している。

① 安保法制懇から報告書を受け取る

② 報告書を受けて、新たな憲法解釈を打ち出し、閣議決定する
③ その解釈にもとづき、自衛隊法を改正したり、必要な新法を制定したりする

首相は「報告書を受け取った後、与党と調整する」と述べ、自民党、公明党と協議するとはいうものの、法案提出まで国会で議論する考えはないことを明言している。野党の見解を聞く必要はないというのだ。

このやり方には与党からも批判が出た。公明党の漆原良夫国対委員長は二月二十五日付のメールマガジンで首相が考える集団的自衛権行使を容認する手順に対し、「『国民の声を聴く』という一番大切な部分が欠落しており、私は、到底賛成できません」とし、歴代首相が行使できないと国民に説明してきたのに、ある日突然、首相から「きょうから行使できる国に変わりました」と発表されても国民は到底納得しないとも書いている。

国会論議を経ないで閣議決定だけで憲法の読み方を変えてよいとする首相の考えは、行政府である内閣の権限を万能であるかのように解釈する一方、立法府である国会の存在を無視するのに等しい。憲法が定めた三権分立の原則に反している。

過去、安全保障に関する憲法解釈は国会論議を通じて示され、内閣が国会へ提出した法案が修正されることも珍しくなかった。一九九二年国連平和維持活動(ＰＫＯ)協力法を制定す

る際には参加する自衛隊が憲法で禁じた武力行使に至らないよう参加五原則（①紛争当事者間の停戦合意、②紛争当事者による日本の参加同意、③活動の中立性、④以上のいずれかが満たされなくなった場合の撤退、⑤武器使用は必要最小限にとどめる）を満たすことが不可欠の条件とさだめられた。

一九九九年の周辺事態法の議論では、米軍の武力行使と一体化しないよう自衛隊の活動を「日本の領域、公海およびその上空」に限定、二〇〇三年のイラク復興支援特別措置法（イラク特措法）は武力行使を避ける目的から自衛隊の活動地域を「非戦闘地域」にするとの条件が設けられた。

そうした制約から、例えば、状況によって米艦艇への給油は許されるが、発進準備中の米攻撃機への給油は許されないといった精緻な憲法解釈に基づく自衛隊の活動が示されてきた。

安倍政権はまったく違う。首相は「わが国を取り巻く安全保障環境が一層悪化している」と繰り返すが、尖閣諸島をめぐる中国との対立はあるものの、日本周辺に緊迫した事態はない。北朝鮮による日本人拉致は犯罪であり、武力攻撃ではない。首相の狙いは憲法解釈を変更して海外で武力行使できる「普通の国」を目指すことにあると考えるほかない。

長年、日本で勤務する外国の駐在武官の一人は「安倍首相が主張するほど日本を取り巻く安全保障環境は悪くなっていない。なぜ憲法解釈を変えようとするのか理由が分からない」という。防衛省の安全保障政策を担当する幹部の見解はこうだ。

「小泉純一郎首相が郵政民営化を掲げたのと同じように、安倍首相が目標とするのが安全保障政策の転換だ。その思いは第一次政権のころから揺らいでいない」

首相の政策実現のためには、これまでの憲法解釈ではクロだったものを、シロと言い換える必要がある。歴代の自民党政権の憲法解釈を否定し、独自のトンデモ解釈を閣議決定する行為は立憲主義の否定であり、法治国家の放棄宣言に等しい。「首相によるクーデター」と呼ぶほかない。

第2章

法治国家から人治国家へ

特定秘密保護法の審議で，質問に答える安倍首相(2013年12月4日，毎日新聞)

「最高の責任者は私だ」

為政者が「法の支配」を無視して、やりたい放題にやるのだとすれば、その国はもはや「法治国家」ではない。「人治国家」ということになる。ならず者が街を支配して、「俺が法律だ」と言い放つのと何ら変わりない。

安倍晋三首相は、憲法改正ではなく解釈変更により集団的自衛権の行使を容認できるか問われ、こう答弁した。

「先ほど来、法制局の答弁を求めていますが、最高の責任者は私です。政府答弁に私が責任を持って、その上で私たちは選挙で国民の審判を受けるんですよ。審判を受けるのは法制局長官ではないんです。私なんですよ」（二月十二日衆院予算委員会）

意味するところは、「国会で憲法解釈を示すのは内閣法制局長官ではなく、首相である私だ。自民党が選挙で勝てば、その憲法解釈は受け入れられたことになる」ということだろう。

第二次安倍政権は特定秘密保護法を強行採決したり、首相本人が靖国神社へ参拝したりとやりたい放題である。自民党と公明党の与党は衆参両院で過半数を占め、安倍内閣の支持率は高い。思い通りにやってどこが悪い、というのが本音ではないだろうか。

この日、安倍首相は野党議員が内閣法制局次長に繰り返し、答弁を求めたのにいらだち、席に座ったまま「おれ総理大臣だから」「法制局の方が偉いのか」と答弁を求め、この「最高責任者は私だ」発言に至った。中世のフランスで絶対君主制を謳歌《おうか》したルイ十四世の「朕は国家なり」を彷彿とさせる。

続いて安倍首相は、二月二十日の衆院予算委員会で集団的自衛権行使を容認する憲法解釈について問われ、「閣議決定して決める」と明言した。長年の国会論議で積み上げてきた政府の憲法解釈を安倍内閣だけの判断で変えられるというのである。そして集団的自衛権の行使容認は「『Jファイル』に明記されている」と繰り返した。

「Jファイル2012」とは、自民党が民主党から政権を奪還した二〇一二年十二月の衆院選挙に際し、公表した総合政策集のこと。Jファイルを公表して選挙に勝ったのだから、国民から行使容認を了承されているという論法である。

三百代言とはこのことだろう。首相は二〇一三年十月二十一日の衆院予算委員会で、環太平洋連携協定(TPP)に関して、「守るべきものは守り、攻めるべきものは攻めることにより、国益にかなう最善の道を追求する。これが公約だ」と柔軟に対応する旨、答弁した。だが、次の「Jファイル2013」には「農林水産分野の重要五品目(略)などの聖域(死活的利益)を最優先し、それが確保できない場合は、脱退も辞さないものとします」とある。
自民党の公約は、妥協もありの「最善の道」なのか、妥協せず「脱退も辞さない」なのか。野党議員からただされた首相はＪファイルの定義について「公約とは別に、総合政策集というものをＪファイルとして出している。これは総務省に届け出ているものではない」「われわれが目指すべき方向を示している」と答弁した。このときは「目指すべき方向」と定義したのに、集団的自衛権行使では「公約」であるかのように答弁した。ご都合主義とはこのことだろう。

安倍首相は時の政権が自由に立案できる政策と、国のありようを規定する憲法を混同している。その勘違いぶりはこんな言葉から明らかである。「わが国を取り巻く安全保障環境が一層悪化している」との言葉に続けて、だから安全保障政策の見直しが必要であり、そのためには集団的自衛権行使に踏み込まなければならず、それには行使を禁止している憲法解釈を変える必要があると主張する。

そもそも安倍首相は、近代国家を統治するのに欠かせない立憲主義を理解していない。二月三日衆院予算委員会で「憲法とはどういうものか」との野党議員の質問に「考え方の一つとして、いわば国家権力を縛るものだという考え方がある。しかし、それは王権が絶対権力を持っていた時代の主流的な考え方であって、いままさに憲法というのは日本という国の形、理想と未来を語るものではないかと思う」と述べた。

首相の考える憲法観を、答弁をもとに整理するとこうなる。

・国家権力を縛るものだ、という考え方は絶対王権時代の主流的な考え方

・憲法は日本という国の形、理想と未来を語るもの

この考え方は日本国憲法と相容《い》れない。日本国憲法は国民の権利や自由を保障するため、国家権力を縛るものになっている。その憲法に沿って国を治めるのが、近代民主主義の仕組み、すなわち立憲主義である。過去の自民党政権は例外なく、政策は憲法に縛られ、いかなる政権であっても憲法を超える政策は立案できないと正しく理解してきた。

しかし、安倍首相は「国の形、理想と未来」のためには憲法を守らなくてよいと考えている。その次に来るのが「だから憲法を改正する」というならまだ分かるが、首相は「私の責任で憲法解釈を変えて、国の形、理想と未来を語る」というのだ。首相が変わるたび、その首相の意向でいかようにも憲法解釈を変更することが可能だというのである。立憲主義の否定である。

元内閣法制局長官の阪田雅裕氏は、「最高責任者は私だ」との首相発言について、「選挙で

審判を受ければいいというのは、憲法を普通の政策と同じようにとらえている。憲法は国家権力を縛るものだという『立憲主義』の考え方が分かっていない」(二月十三日『東京新聞』朝刊)と批判している。

批判は与党からも飛び出した。この「最高責任者は私だ」という首相発言の翌十三日、党大会、両院議員総会に次ぐ党の意思決定機関の自民党総務会が開かれ、村上誠一郎元行革担当相は「首相の発言は選挙で勝てば憲法を拡大解釈できると理解できる。その時々の政権が解釈を変更できることになるのは問題がある」と指摘し、船田元《はじめ》党憲法改正推進本部長は「解釈変更で対応できるなら、私の仕事はなくなってしまう」と皮肉った。

公明党の井上義久幹事長は十四日の記者会見で内閣法制局の役割について「事実上、憲法の番人で、政府が法案提出する際、憲法との整合性をチェックしてきた。権力を抑制的に行使するという意味でたいへん重い」と指摘、「憲法の番人」を無視した首相発言を問題視した。

野党民主党の枝野幸男憲法総合調査会長は「権力者でも変えてはいけないのが憲法という『いろはのい』が分かっていない」と批判、立憲主義を「王権が絶対権力を持っていた時代の主流的考え方だ」との首相発言には「世界のほとんどの国が立憲主義に基づいて国家統治を行っている。こうした発言が外国に出て行くことは非常に恥ずかしく、国辱ものだ」と反発した。

安倍首相の強気を支えるのは高い内閣支持率だろう。就任から一年を経過しても五〇％を維持した政権は珍しい。選挙で勝ち、支持率が高ければ何でもあり。これほど傲慢な政権は過去にない。

米艦艇を集団的自衛権で守る

尖閣諸島は米国の領土なのだろうか。安倍晋三首相は集団的自衛権の行使解禁に踏み切らなければならない理由を次のように説明する。

「(でき)ないことによるデメリット(不利益)に直面している。国民の生命、安全を守り、領土領海を守る上で、課題がないか議論している」(二月五日参院予算委員会)

尖閣諸島をめぐる中国との対立を念頭に領土領海を守るには、行使を禁じた現行の憲法解釈が不利益になっているというのだ。

日本の領土領海をめぐって紛争が起き、自衛隊が防衛出動する事態は、いうまでもなく個別的自衛権の行使である。尖閣諸島が米国の領土というなら集団的自衛権の行使となり、確

― お中元お買上げプレゼント企画 ―

生ビール無料券

PM3 午後3時以降ご利用いただけます。

●ソフトドリンクに変更もできます。ソフトドリンクのメニューについては各店舗にておたずねください。

ご利用店舗、有効期限

港南台タカシマヤ地階レストラン

「南国酒家」「梅の木」

平成26年6月4日(水)→8月31日(日)

ご利用上のお願い

●ご注文の際にお渡しください。
●本券をご持参のお客様には、生ビールを1杯無料でサービスいたします。
●お食事をご注文いただいた場合に限り、ご利用いただけます。
●1回のお食事でお一人様、1杯のみご利用いただけます。(最大5名様で1杯ずつご利用いただけます。)
●生ビールのサイズは、店舗により異なります。
●20歳未満のお客様、お車を運転されるお客様には、ご提供できません。

Takashimaya KONANDAI

生ビール1杯無料

※ご利用の際、右の枠に押印いたします。
押印済の場合はご利用いただけません。

有効期限:平成26年8月31日(日)

印

生ビール1杯無料

※ご利用の際、右の枠に押印いたします。
押印済の場合はご利用いただけません。

有効期限:平成26年8月31日(日)

印

生ビール1杯無料

※ご利用の際、右の枠に押印いたします。
押印済の場合はご利用いただけません。

有効期限:平成26年8月31日(日)

印

かに今の憲法解釈では認められていない。しかし、尖閣諸島は日本の領土である。安倍首相は「(尖閣をめぐる)領土問題は存在しない」と言うのだから、日本の領土と正しく理解している。

それにもかかわらず、集団的自衛権を行使できないことにより、日本の領土領海を守れないとの主張には驚くほかない。例えば、日本は海外で軍事力を行使して米国のお役に立つ、だから日本が攻撃を受ける場面では助けてほしい、その確約を得るための集団的自衛権の行使であるとの説明でもあれば、少しは理解できる。

だが、安倍首相はそのような前提を示すことなく、日本の領土領海を守るには集団的自衛権行使が不可欠なのだと繰り返すばかりである。危機意識をあおり、国民の不安に乗じて憲法解釈を変えようというのだ。

二月六日の参院予算委員会で首相はこう話した。「日本を警戒監視中の米国のイージス艦を(略)日本の艦船がそれを守る」ことについて「どうかというと」、自衛隊の艦艇が米艦艇を守るのは集団的自衛権の行使に当たるが、「やらなかったことによる日米同盟へのダメージは計り知れない」と述べた。

この発言の根底には、米国が日本を守るため警戒監視しているという大前提がなくてはな

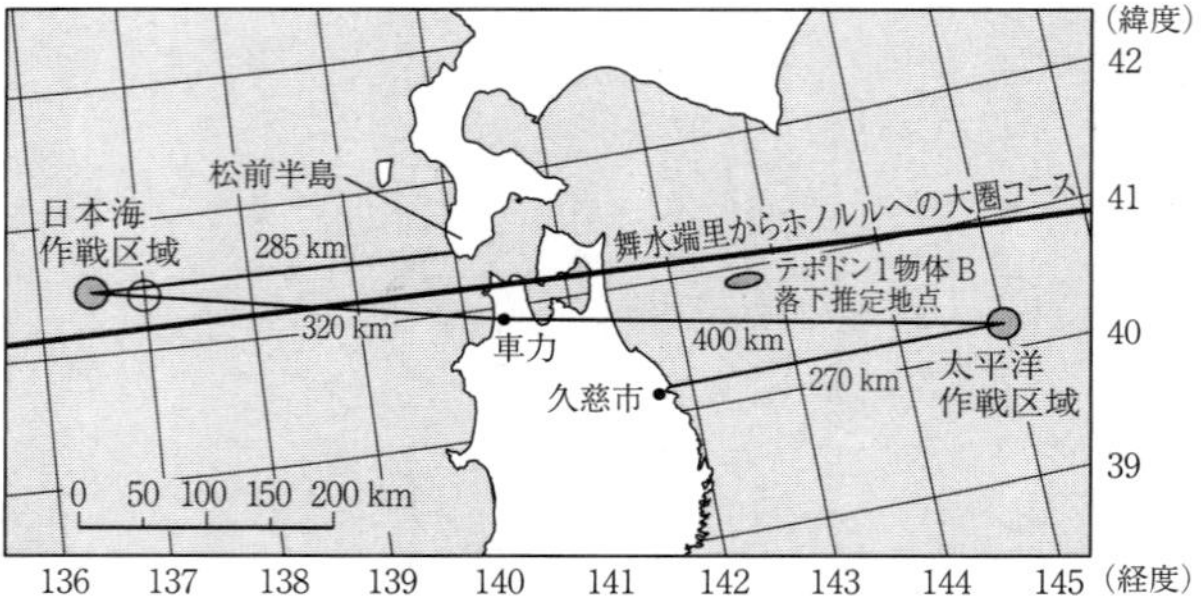

図　ピースデポHPより

らない。北朝鮮が発射した弾道ミサイルへの対処を例に検証してみよう(図)。北朝鮮は日本政府が公表しているだけで、一九九三年から二〇一四年三月現在までで弾道ミサイルの発射試験を八回実施している。

二〇〇六年七月五日、北朝鮮は日本海へ向け、二カ所の基地から合計七発を発射した。海上自衛隊は「こんごう」「きりしま」のイージス護衛艦を日本海に展開、在日米海軍も横須賀基地からイージス艦を出航させた。NPO法人「ピースデポ」は二〇〇六年十一月、米軍への情報公開請求で入手した航海日誌をもとに航跡図を作成し、公表した。

それによると、「フィッツジェラルド」「カーチスウィルバー」「ジョン・S・マッケイン」の三隻が投入され、二隻が北海道の松前半島から西に二百八十五キロ離れた日本海に設定された作戦区域に展開し、残り一隻が岩手県久慈《くじ》市から東に二百七十キロの太平洋作戦区域に配備された。

米軍が北朝鮮の弾道ミサイル探知のため青森県の航空自衛隊車力分屯基地に配備したＸバンドレーダーから日本海側は三百二十キロ、太平洋側は四百キロに当たる。

イージス艦搭載のレーダーとＸバンドレーダーを組み合わせて正確に弾道ミサイルを探知するためで、イージス艦は北朝鮮のミサイル発射基地、舞水端里《ムスダンリ》からハワイのホノルルへの飛翔コース直下に配置されている。ホノルルはアジア太平洋を管轄する米太平洋軍司令部が置かれた軍事拠点である。当時のイージス艦には、弾道ミサイルを撃ち落とす迎撃ミサイルは開発中だったことから、搭載していなかったが、飛翔コースを正確に知ることで将来の米国防衛につなげる狙いがあったことは明らかである。

北朝鮮は二〇一二年四月と同年十二月に「人工衛星」と称して南西諸島の多良間島上空を通過するルートで弾道ミサイルの発射試験をした。米海軍のイージス艦は朝鮮半島に近い黄海と南西諸島から東側の太平洋に配置された。ハワイに次ぐ軍事拠点であるグアムを防衛する狙いだったとみられる。

日本政府は北朝鮮の弾道ミサイル発射試験に対し、日本に飛来したり、落下したりする場合を警戒して二〇〇九年以降、毎回、自衛隊に対し弾道ミサイル破壊措置命令を出している。政府は防衛出動が下命されていない平時におけるミサイル迎撃を自衛権の行使とはみなさず、

「公共の秩序の維持に該当し、あえて整理すれば、警察権の行使に相当する」(二〇〇五年四月一日衆院本会議、大野功統《よしのり》防衛庁長官)として警察権行使に位置づけている。

米国は日本が警察権を行使している平時において、日本防衛のために活動するだろうか。そうではないことは、北朝鮮の弾道ミサイル発射試験への対応でみてきた通りである。米国防衛のために活動する米艦艇を自衛隊が守らなければ「日米同盟へのダメージは計り知れない」と考える根拠は何なのか、安倍首相の思考回路は到底常人の理解の及ぶところではない。

それとも安倍首相は防衛出動が下命された有事において「日本を警戒監視中の米国のイージス艦を守るべきだ」といっているのだろうか。それこそ、憲法解釈上、認められた個別的自衛権で対処できると政府が言い続けている話である。このような見解がある。

「日本が武力攻撃を受けた場合、日本を救援、来援する米艦艇に対して、その日本に対する救援活動が阻害されるという場合に日本側がこれを救い出す、こういうことは、領海においても公海においても、これは憲法に違反しない個別的自衛権の範囲内である」(一九八三年二月四日衆院予算委員会、中曽根康弘首相)

よもや安倍首相が過去の政府答弁を知らないはずはない。だが、集団的自衛権の行使容認に転じなければ領土領海を守れないとおかしな主張をしている人物だけに疑わしい。合憲とされる有事での米艦艇防護を集団的自衛権が認められなければ「できない」と誤って理解している可能性は否定できない。いずれにしても一国の首相の発言とは信じたくないほど低レベルである。

にもかかわらず、質問した日本維新の会の中野正志参院議員は首相答弁を受けて「さすがでございます」と我が意を得たりと言わんばかりに持ち上げた。安倍首相が「責任野党」と持ち上げるのが日本維新の会である。不毛なやり取りの果てに解釈改憲が強行され、「国のかたち」が変わるのだとすれば、この時代を生きる私たちの不幸は計り知れない。

集団的自衛権こそが戦争の口実

安倍首相の考えを、過去の言葉から紡ぎだし、整理してみよう。

……日本を取り巻く安全保障環境は一層悪化している。平和は一国の努力では達成できるものではない。国連憲章第五十一条は個別的自衛権とともに、集団的自衛権の行使を容認している。この際、「わが国が独立国家である以上、集団的自衛権は保有しているが、憲法解釈上、行使は許されない」としてきた憲法解釈を見直し、国際標準に合わせるのが当然ではないか……。

あらためておさらいすると、集団的自衛権とは「自国と密接な関係にある外国に対する武力攻撃を自国が直接攻撃されていないにもかかわらず、実力をもって阻止する権利」(一九八一年五月二十九日、稲葉誠一衆院議員への答弁書)である。

「集団的自衛権」という言葉の誕生はそれほど古くない。経緯を振り返ろう。

第一次世界大戦後の一九二八年、日本を含む十五カ国によってパリ不戦条約が締結され、国際紛争を解決する手段としての戦争が違法化された。のちに加盟国は六十三カ国にまで増えたが、日本は途中で満州事変を起こし国際連盟を脱退、太平洋戦争に突入していく。一九四四年には米英中ソの四カ国が参加したダンバートン・オークス会議で一切の武力行使の禁止が約束され、第二次世界大戦の最中に不戦の誓いが確立されることになった。

一九四五年二〜三月、中南米諸国が参加したチャプルテペック会議で米州いずれかの一カ国への攻撃をすべての加盟国に対する侵略行為とみなして軍事力行使を含む対抗措置をとることで合意した。「集団的自衛権」という言葉の誕生である。会議は圧倒的な軍事力を持つ米国が主導した。ダンバートン・オークス会議の武力行使の禁止から大幅に後退した。

一カ月後、国連憲章作成のために開催されたサンフランシスコ会議で議論の末、個別的自衛権は独立国が持つ固有の権利(自然権)として認められ、集団的自衛権は目立った議論もないまま採択されたのである。

当時、東西冷戦が始まりつつあった。集団的自衛権は、同盟国・友好国を陣営に取り込む必要性があると考えた米国が生みの親となった政治的産物である。ただ、国連憲章第五十一条は「安全保障理事会が（略）必要な措置をとるまでの間」との条件を付けて個別的自衛権、集団的自衛権の行使を認めているに過ぎず、自衛権行使そのものが例外的措置であることを明記している。

集団的自衛権は東西冷戦のゆりかごの中で成長した。驚くべきことに第二次世界大戦後に起きた戦争の多くは、集団的自衛権行使を大義名分にしている。

ベトナム戦争がその典型例である。米国は「南ベトナム政府からの要請」があったとして集団的自衛権行使を理由に一九六五年に参戦、北ベトナム爆撃から本格的に介入した。米国との間で米韓相互防衛条約を締結している韓国は、米国への集団的自衛権行使を理由に参戦した。米軍は五万六千人、韓国軍は五千人が戦死した。南北ベトナム軍と南ベトナム解放民族戦線の戦死者は九十万人にのぼった。

日本は東京の在日米軍横田基地が輸送機などの中継基地として使われ、後方支援機能を果たした。沖縄は本土復帰前で、嘉手納基地からB52爆撃機が出撃する作戦拠点として活用された。

ベトナム戦争を参考にすると、集団的自衛権行使を理由に参戦するのは、米国のように「攻撃を受けた外国を支援する例」、韓国のように「参戦した同盟国・友好国を支援する例」の二つのケースがあることが分かる。前者の典型例はソ連によるアフガニスタン侵攻であり、後者は自衛権を行使して攻撃を開始した米国のアフガニスタン攻撃を支援した英国の例がある。

興味深いのは、集団的自衛権を行使して戦争に介入した国々が「勝利」していない点にある。米国はベトナムから撤収し、オバマ米大統領はアフガニスタンからの撤収を明らかにしている。主力になった米国が勝っていないのだから、ベトナム戦争に参加した韓国、アフガニスタン攻撃に参加した英国も勝利していない。

自国が攻撃を受けているわけでもないのに自ら戦争に飛び込む集団的自衛権の行使は、極めて高度な政治判断である。一方、大国から攻撃を受ける相手国にとっての敗北は政治体制の転換を意味するから文字通り、命懸けで応戦する。大義なき戦いに駆り出された兵士と大国の侵略から自国を守る兵士との士気の違いは明らかだろう。

ベトナム戦争によって巨額の戦費を投じた米国のドルが海外へ流失し、金の準備高をはるかに超えるドルの発行を余儀なくされ、金とドルの交換を保証したブレトンウッズ体制は崩壊、世界は変動相場制に移行した。国内では厭戦《えんせん》気分が広がり、米国は徴兵制を廃止した。韓国は米国の戦争支援を見合わせるようになり、イラク戦争で久しぶりに空輸活動に参加した。イラク戦争をめぐって英国ではブレア政権が崩壊、いまなお戦争参加の是非を問う調査が続いている。

各国が集団的自衛権を行使して参戦したこれらの戦争は「正しかった」のだろうか。国連は、侵略戦争は明快に否定しているが、個別的自衛権だけでなく、集団的自衛権行使を否定していない。集団的自衛権行使を容認していることが戦争を起こしやすくしていると考えられる。

戦争の後遺症にも目を向けなければならない。ベトナム戦争で米軍が使用した枯葉剤などの化学兵器、米軍がイラク戦争で使った劣化ウラン弾などの核兵器まがいの弾薬が兵士や住民を苦しめる。生きて帰国できた兵士も身体の一部を失ったり、心的外傷後ストレス障害（PTSD）にかかったりする人も少なくない。安倍政権がやろうとしている集団的自衛権行使の容認とは、戦争への道を開く悪魔のささやきである。

「国家安全保障基本法」で空文化される憲法

憲法解釈の変更を閣議決定するだけでは実効性を伴わない。自衛隊法、周辺事態法、国連平和維持活動（PKO）協力法、船舶検査活動法など既存の法律の改正が欠かせない。自民党は野党だった二〇一二年七月、それらを下位法と位置づけ、上位法である「国家安全保障基本法（概要）」を制定することを総務会で了承した。

概要をみると、安全保障政策を進めるためのロードマップ（行程表）を兼ねていることが分かる。第三条「国及び地方公共団体の責務」は、秘密保護のための法律制定を規定し、第六条「安全保障基本計画」は安全保障に関する長期的な計画の制定を義務づけている。これらは二〇一三年暮れの特定秘密保護法の制定と国家安全保障戦略の策定につながった。そして国家安全保障戦略は、概要の第十二条「武器の輸出入等」を反映して、武器輸出三原則の見直しを打ち出した。安倍政権はパズルをひとつひとつ埋めるように概要の項目を先取りしている。

条文で仰天するのは、第四条「国民の責務」の項目である。国民に安全保障施策に協力し、寄与することを求めており、「国防の義務」を課している。これは二〇一二年四月、自民党が発表した憲法改正草案の前文にある「国民は、国と郷土を誇りと気概を持って自ら守る責務を共有する」と同じ趣旨であり、国家安全保障戦略に書き込まれた「我が国と郷土を愛する心」に通じる。愛国心や国防の義務を国民に求めること自体、国家主義への傾斜を示している。安倍首相が第一次政権時に教育基本法を改正し、「我が国と郷土を愛する」という文言を入れていたことも合わせて考えたい。

そう考えれば、自民党の憲法改正草案が「公益及び公の秩序」によって、基本的人権や「知る権利」を制限しようとした理由が分かる。国家のため、国民の自由や権利を縛ろうというのである。国民の自由や権利を守るため、国家権力を縛る日本国憲法の考え方を逆転させている。

概要の第八条「自衛隊」には、「必要に応じ公共の秩序の維持に当たる」とある。自衛隊法には治安出動規定があるものの、発動されたことはない。過去に一度だけ、一九六〇年の安保闘争で発動が検討された。そのときの首相が安倍首相の母方の祖父、岸信介氏である。半世紀を経て、石破茂自民党幹事長が国会周辺の「デモ」を「テロ」と呼ぶようになったとはいえ、自衛隊に「公共の秩序の維持」を担わせようとする戦前の憲兵隊を彷彿とさせる発想には、あぜんとするほかない。

第十条は集団的自衛権の行使を定め、別途、集団自衛事態法を規定するとあり、第十一条は「国際連合憲章上定められた安全保障措置等への参加」を明記している。国連の安全保障措置には多国籍軍への参加が含まれる。安全保障措置「等」とあり、必ずしも国連決議を必要としていない点にも注意しなければならない。

例えば、実施されなかったが、米国は二〇一三年、化学兵器を使用したシリアへの空爆を検討した。国連安保理に制裁決議を求めたとしても、アサド政権を支持するロシアが拒否権を使うのは確実だった。そこで米国は英国、フランスとともに空爆に踏み切ろうとしたのである。この空爆を「必要な安全保障措置」とみなせば、航空自衛隊を参加させることも可能になるのである。

国家安全保障基本法が成立すれば、憲法九条は完全に空文化する。法案なので三分の二の国会議員の賛成や国民投票が必要な改憲規定と比べ、なんとお手軽なことか。

日本には、法律が憲法違反か否かを審査するドイツやフランスのような憲法裁判所がないため、法律によって憲法解釈が変更され、「国のかたち」を変えるのである。自民党、日本維新の会、みんなの党といった改憲勢力が賛成すれば衆参の過半数を上回り、法案は成立、憲法は有名無実化する。

憲法改正の手間は不要ということになる。それこそ麻生太郎副総理がナチスを引き合いに出して語った、「こっそり改憲する手口」である。

アジアを引き込む軍拡競争

「北朝鮮から攻撃されたらどうする」「中国に尖閣諸島を奪われるかも知れない」。そう考えて集団的自衛権行使を容認すべきだと考える人がいるかも知れない。しかし、いずれも個別的自衛権で対応できる問題である。

北朝鮮からの攻撃があれば、自衛隊が対処すればよいだけである。侵略に備えて、毎年五兆円近い防衛費をかけて護衛艦、戦闘機、戦車などの武器を買い揃え、自衛官二十三万人を養っている。小規模侵攻なら独力で対処し、米軍の打撃力が必要なら日米安保条約にもとづき、支援を要請することになっている。

だが、北朝鮮は攻めてくるだろうか。日本と北朝鮮との間には韓国があり、在韓米軍が駐留している。大規模な第二次朝鮮戦争となると考えるのが軍事常識といえる。米軍がイラク、アフガニスタンで「勝てなかった」のは、武装勢力が自爆テロや仕掛け爆弾といった不意打ち戦術を多用したことによる。米軍のような巨大な軍隊はテロやゲリラといった非対称戦には弱いことが証明された。朝鮮半島の戦いは違う。正規軍同士の戦いとなれば、予算、人員、装備に優れた米軍が鮮やかに勝利するのは火を見るより明らかだ。自滅につながる戦争に突入するほど、かの国の指導者は命知らずとは思えないのである。

　確かに核開発、弾道ミサイルの開発を進めているが、いずれもイラクやアフガニスカンのように米国から攻撃されないための自衛手段であり、米国に対話を迫る政治的道具である。パキスタンやイランに輸出したミサイル技術は貴重な外貨獲得の手段でもある。

　中国との間にある尖閣諸島の問題は、事態がエスカレートすれば、日中間の紛争に広がるおそれはある。だが、中国がソ連、インド、ベトナムとの間で繰り返してきた国境紛争をみる限り、領有権争いが本格的な戦争に発展した例はない。これまで書いた通り、米国が中国との争いごとに巻き込まれる事態を歓迎するはずがなく、米国の参入による紛争の拡大を心配する必要はないだろう。むしろ、問題なのは外交による解決の道筋がまったく見えないことにある。外務省のホームページにある中国からの要人往来・会談をみると、年間三十～四十回あった日中交流が、第二次安倍政権でゼロになっていることに驚かされる。日中両首脳が会談したのは、日中韓サミットで野田佳彦首相と胡錦濤中国国家主席が会った二〇一二年五月十四日が最後。話し合いのチャンネルが閉ざされていること自体が不測の事態の呼び水になりかねない。

安倍首相は自衛隊の装備・人員・予算を二年連続して増やした。首相は中国の軍事費が日本とは桁違いに増えていることを持って防衛費の増額を正当化する。南シナ海で中国と領有権争いを続けるベトナム、フィリピンなど各国は中国の軍事力強化を歓迎していない。かといって、日本が中国と競い合って軍事費を増やし、自衛隊の出動規定を緩めれば、アジア全体の軍拡競争につながり、地域情勢は不安定化するだろう。

第3章

安保法制懇のトリック

「ニコニコ超会議2」にて10式戦車に乗る迷彩服姿の安倍首相(2013年4月27日，毎日新聞)

「間違っている」と憲法を珍解釈

第一次安倍内閣で招集された「安全保障の法的基盤の再構築に関する懇談会（安保法制懇）」は安倍氏の退陣後、憲法九条で禁じた集団的自衛権の行使を解禁すべきだとの報告書を出した。受け取ったのが解釈改憲に慎重な福田康夫首相だったため、報告書は、そのまま棚上げされ、うやむやになった。前回より一人増やしているが（細谷雄一氏）、残りは同じメンバーなので、新たな報告書の骨格が変わるはずがない。

安倍首相が「有識者懇談会」と持ち上げる安保法制懇とは、どのような組織だろうか。首相の私的諮問機関は、学者や専門家が議論し、意見をまとめて報告する。同じ有識者会議でも、法令に基づく審議会と違って法的根拠はなく、首相の意に沿った人物を集め、思い通りの報告書を出させるための「隠れ蓑《みの》」となりがちである。

安保法制懇は、その典型例といえる。現在のメンバー十四人は全員、講演や論文で集団的自衛権の行使を容認する考えを明らかにしている。世論調査では行使容認に反対する意見が多いが、安保法制懇は賛成派で固められた。首相は国会で「空疎な議論をする方は排除している」と述べ、異論を認めない狭量ぶりをうかがわせた。

「法的基盤の再構築」を掲げるのにもかかわらず、法律の専門家は一人もいない。憲法学者は西修駒沢大学名誉教授ただ一人。西氏は、自他ともに認める改憲論者で、現在の憲法でも集団的自衛権行使は合憲と主張する憲法学会の少数派である。

審議会の指針では、役所出身者の委員への起用はできる限り避けると規定されているが、安保法制懇には外務省と防衛省・自衛隊のOBが四人も入っている。厳格であるべき憲法解釈を論じるのに相応しい顔ぶれ、とはとてもいえそうもない。メンバーは以下の通り。

岩間陽子　政策研究大学院大学教授
岡崎久彦　特定非営利活動法人岡崎研究所所長・理事長
葛西敬之　東海旅客鉄道株式会社代表取締役会長
北岡伸一　国際大学学長・政策研究大学院大学教授＝座長代理
坂元一哉　大阪大学大学院教授
佐瀬昌盛　防衛大学校名誉教授
佐藤　謙　公益財団法人世界平和研究所理事長（元防衛事務次官）
田中明彦　独立行政法人国際協力機構理事長

中西　寛　京都大学大学院教授
西　修　駒沢大学名誉教授
西元徹也　公益社団法人隊友会会長（元統合幕僚会議議長）
細谷雄一　慶応義塾大学教授
村瀬信也　上智大学教授
柳井俊二　国際海洋法裁判所長（元外務事務次官）＝座長

与党にすら警戒する声がある。公明党の山口那津男代表は「首相の私的諮問機関という位置づけだから、政府の取り組みでもなければ、与党の取り組みでもない」と指摘している。

安保法制懇の議論をみてみよう。「（憲法九条は）国際紛争を解決するために武力を行使してはならないというが、これは日本と他国との間の紛争のことで、第三国における（日本の）武力行使を禁じたものではない」「九条一項の『国際紛争』の解釈が間違っているので変えた方がよい」（二〇一三年十月十六日、北岡伸一座長代理による記者ブリーフィング）。珍解釈というほかないが、驚くべきことに他のメンバーから異論はなかったというのである。

「憲法の番人」と呼ばれる内閣法制局の阪田雅裕元長官に過去の政府見解を聞いた。「歴代内閣で『国際紛争』の定義が議論になったことはない」と述べ、あらためて定義するまでもないとし、北岡氏の説明について「『日本と他国との紛争』以外が国際紛争だとすると、日本が武力介入した途端に『日本と他国との紛争』になるから結局、武力行使できないのではないか」と指摘した。論外との見解である。

ところで、阪田氏は小泉政権で内閣法制局長官を務めた。当時、安倍氏は官房長官だったが、小泉退陣後に首相になるのが確実だった。過去の政府見解を根底から覆そうとしているのを察知した阪田氏は官房長官室に入り、安倍氏に対し、憲法九条の制約により、集団的自衛権は行使できないと説明した。これは「論理の世界」であって、「政策の問題」ではないとまで話した。

私　「安倍氏の反応はどうでしたか」

阪田氏「無言でした」

私　「えっ、ひと言もない？」

阪田氏「ええ」

第一次安倍政権が誕生した二〇〇六年九月二十六日のその日、阪田氏は依願退官した。首相になった安倍氏は憲法解釈を見直すために頼りにしたのが、内閣法制局ではなく、安保法制懇である。気の合う仲間だけで憲法解釈を変えようというのだ。

二〇一三年十月十六日、三回目の安保法制懇が終わり、北岡氏は記者団にこういった。「われわれは政策を考えているのではなくて、法的基盤の学術的議論をしている」。法律の専門家を交えずに行う学術的議論の行く末が、憲法の珍解釈ではないのか。

首相が示した四類型

第一次安倍政権で安倍首相は安保法制懇に「四類型」と呼ばれる設問を示した。四類型は以下の通りである。

①　共同訓練などで公海上において、我が国自衛隊の艦船が米軍の艦船と近くで行動している場合に、米軍の艦船が攻撃されても我が国自衛隊の艦船は何もできないという状況が生じてよいのか。

②　同盟国である米国が弾道ミサイルによって甚大な被害を被るようなことがあれば、我が国自身の防衛に深刻な影響を及ぼすことも間違いない。それにもかかわらず、技術的な能力の問題は別として、仮に米国に向かうかもしれない弾道ミサイルをレーダーで捕

捉した場合でも、我が国は迎撃できないという状況が生じてよいのか。

③ 国際的な平和活動における武器使用の問題である。例えば、同じ国連平和維持活動（PKO）等の活動に従事している他国の部隊又は隊員が攻撃を受けている場合に、その部隊又は隊員を救援するため、その場所まで駆けつけて要すれば武器を使用して仲間を助けることは当然可能とされている。我が国の要員だけそれはできないという状況が生じてよいのか。

④ 同じPKO等に参加している他国の活動を支援するためのいわゆる「後方支援」の問題がある。補給、輸送、医療等、それ自体は武力の行使に当たらない活動については、「武力の行使と一体化」しないという条件が課されてきた。このような「後方支援」のあり方についてもこれまでどおりでよいのか。

要約すると以下のようになる。

① 公海での米艦艇の防護
② 米国に向かう弾道ミサイルの迎撃
③ PKOなどで他国部隊を守るための「駆けつけ警護」

④　ＰＫＯや戦闘地域での他国部隊への輸送、補給などの後方支援

安保法制懇が報告書で示した結論は①、②が集団的自衛権の行使にあたり、③は海外における武力行使、④が武力行使との一体化に区分される。③、④について、北岡氏は国連による集団安全保障の問題と説明しており、安保法制懇は「集団的自衛権」「集団安全保障」という二つの問題を検討していることになる。いずれも現行の憲法解釈では禁じられているものの、解釈変更によって容認すべきだという結論だった。

安倍首相が進めようとしているのが集団的自衛権行使の容認なので、①、②について検証する。①の公海で米艦艇が攻撃される事態を考えてみよう。米艦艇を狙うために艦艇や航空機が差し向けられる事態はもはや戦争であろう。戦場となった洋上で米艦艇とともに海上自衛隊の艦艇が行動しているとすれば、日本有事以外にあり得ない。

日本有事の際の米艦艇防護について、国会では「日本防衛のために行動している米艦艇が相手国から攻撃を受けたときに、自衛隊がその攻撃を排除することはわが国の自衛の範囲内に入る」（一九八三年三月八日衆院予算委員会、谷川和穂防衛庁長官）、すなわち個別的自衛権に入り、合憲との政府見解が示されている。

海外ではどうか。二〇〇一年米国がアフガニスタン攻撃を開始したのに伴い、日本は海上

自衛隊の補給艦をインド洋に送り込んで米艦艇などに洋上補給した。ここで攻撃を受けた場合、「自衛艦が自らを守ることで結果的に米艦艇を防護できる」(二〇〇六年十月十八日衆院テロ・イラク特別委員会理事懇提出)ため、これも合憲となり、集団的自衛権行使を検討する必要性は生まれない。

次に日米共同訓練や周辺事態で日米の艦艇が共同行動する場合を検討すると、そもそも日米が密集した艦隊陣形をとることはあり得ない。艦艇は潜水艦への警戒から、十~十五キロもの距離をとり、点々と散らばって行動するからである。

現代戦で艦艇への攻撃に使われるのは魚雷と対艦ミサイルの二種類にほぼ限定される。潜水艦から発射された魚雷は、有線誘導によって正確に制御される。ひそかに狙われた艦艇は自らを守るのさえ難しく、ましてやはるかに離れた洋上にいる他の艦艇が防護することはできない。対艦ミサイルは東京—名古屋間にも匹敵する三百キロもの彼方から発射される。狙われた艦艇は、レーダー照射を受けるので逆探知して自ら防御できるが、別の艦艇が迎撃することは現在の技術では不可能である。防空能力に優れたイージス艦のみ対応可能とされるものの、日本には六隻しかない。米国は九十隻保有し、横須賀基地に九隻配備している。艦隊防空は米海軍の基本中の基本だからだ。

結論はいずれのケースでも法制面、技術面で「集団的自衛権行使の必要性は生じない」となる。

「北朝鮮が米国を攻撃」とあおる首相

次に②の米国を狙った弾道ミサイルの迎撃を考えてみよう。まず米国を狙ったミサイルを迎撃する手段そのものが存在しない。米国が開発したミサイル防衛システムのうち、日本はイージス護衛艦に艦対空ミサイル「ＳＭ３」を搭載しているが、米国まで届く弾道ミサイルを迎撃する能力はなく、日米で共同開発している改良型でも撃ち落とせない。

また弾道ミサイルは目標によって、飛行経路が大幅に変わる。例えば北朝鮮から発射され、米本土の西海岸を狙う弾道ミサイルを迎撃するには、イージス艦は北海道の西沖に配置する必要があるが、日本本土が狙われるなら、イージス艦の配置は本州西側の日本海になる。

北朝鮮が米本土に弾道ミサイルを発射するような事態では、二十九都道県に米軍基地を抱える日本は戦争に巻き込まれていると考えなければならない。仮に将来、迎撃できる高性能ミサイルが開発されたとして、米国を狙った弾道ミサイルを迎撃しようとイージス艦を北海道西沖に展開すれば、本州以南の防衛ができず、自衛隊による米本土防衛は「日本政府が日本を見捨てる」ことを意味する。

米本土より近いハワイ、グアムを狙った場合はどうか。北朝鮮からハワイまで七千キロ以上あるため、SM3改良型でも迎撃できないが、三千五百キロ程度のグアムであれば迎撃可能とされる。しかし、迎撃するには日本のイージス護衛艦は太平洋に配備する必要がある。ミサイル防衛に活用できるイージス艦は、自衛隊に四隻あるに過ぎないが、米国には三十隻もある。米国は自らが脅威にさらされるとき、米軍を活用せず、自衛隊に頼るのだろうか。技術面、安全保障面でこんな設問自体があり得ないのである。

なによりおかしいのは、世界中の軍隊が束になってもかなわない米軍にいったいどの国が正規戦を挑むのかという点にある。例えば、米海軍が保有する原子力空母は、一隻あたり、戦闘攻撃機、早期警戒機、電子戦機など約八十機を搭載する。その打撃力は、一カ国の空軍力をしのぐほどである。そんな空母が米海軍には十隻もある。

また現代戦では「海の王者」である原子力潜水艦は、核兵器を持つ弾道ミサイルを搭載する原潜十四隻を含め、七十隻保有する。ひとたび米国に戦争を挑めば、湾岸戦争やイラク戦争の緒戦でみられた通り、海や空からのミサイルと精密誘導爆弾による攻撃から始まり、世界最強の陸軍と海兵隊が領土を占領し、交戦国の主権を停止することになる。米国に正規戦を挑むなど正気の沙汰ではない。起こり難い類型を示して、国民の不安をあおる行為は「天が落ちてくる」といって杞憂を広めるのに等しい。

さらに疑問がある。外洋の艦艇が攻撃を受けたとして米国はただちに個別的自衛権を発動するだろうか。回避行動や応戦は正当防衛を根拠にするだろう。米国が戦争に踏み切らないのに、日本が参戦する事態はあり得ない。戦争開始には、米国では大統領、日本では最低でも首相による政治判断（事前、事後に国会承認）が欠かせず、数分で届く魚雷やミサイルより、政治判断が速いはずがない。設問の筋があまりにも悪い。

分かりやすいのは「攻撃を受けた米国が個別的自衛権を行使して応戦している。日本は自衛隊を送り込み、米軍とともに戦わなくてもよいのか」との設問だが、「米国が攻撃される」では、あまりに非現実的なので避けたのだろう。

だが、①、②の問いかけは本質的にこの設問と変わりない。ただ「米艦艇の防護」と単純化すれば、米国が日本を救援する事態と混同して、それなら米軍を支援するのもやむを得ないと考える人が出る可能性はある。また「米本土を狙った弾道ミサイル迎撃」も弾道ミサイル発射試験を繰り返す北朝鮮対処を念頭に起きやすい。いずれにしても悪質なミスリードというほかはない。

安倍晋三首相は三月二十二日、防衛大学校の卒業式訓示で①、②を組み合わせて「日本近海の公海上でミサイル防衛のため警戒にあたる米国のイージス艦が攻撃を受けるかもしれない。その時、日本は何も出来ないで本当によいのか」と述べ、「これは机上の空論ではない」と強調した。

首相はイージス艦の特性について、レーダーを切り換えて弾道ミサイル迎撃モードにした際には周辺防空ができなくなる、として海上自衛隊の護衛艦による防護の必要性を訴える。だが、この認識は古い。確かに海上自衛隊のイージス艦なら、遠くを見るモード(弾道ミサイル迎撃)と近くを見るモード(艦隊防空)は同時に使えない。米海軍は両モードを同時に実行できるよう改修し、少なくとも九隻のイージス艦は遠方も周辺も監視することができる。

類型を論破されるたび、あらたな類型を持ち出す安倍首相。もはや泥縄である。

①、②に加えて二〇一四年一月からの通常国会で、安倍首相は「米国を攻撃している北朝鮮へ武器弾薬を輸送する船舶の検査」も集団的自衛権行使が必要な理由に含めている。

北朝鮮による米国攻撃よりも、米国による北朝鮮攻撃の可能性の方がはるかに高いが、いずれにしても米国と北朝鮮の戦争であれば、全国に米軍基地を抱える日本は戦争に巻き込まれているだろう。日本有事となれば、戦時国際法の海戦法規に従い、北朝鮮に武器弾薬を運ぶ船舶の強制的な検査(臨検)は個別的自衛権の行使によって可能になる。

日本有事に至らない場合でも、海上警備行動の発動により、「海上において必要な措置」をとることができる。一九九九年能登半島沖に北朝鮮の工作船が現れ、自衛隊初の海上警備行動が発動されたときの対応の反省から、海上保安庁法とともに自衛隊法が改正され、停船命令に従わない船舶への射撃が認められるようになった。

日本政府が「そのまま放置すれば我が国に対する直接の武力攻撃に至るおそれのある事態」、すなわち戦火が日本に飛び火する周辺事態を認定すれば、船舶検査活動法に基づき、任意ながらも北朝鮮へ向かう船の検査ができる。

戦争になって米国が最初に行うのが敵国の政治・経済中枢の破壊である。港湾には機雷を敷設し、水上艦艇や潜水艦、補給のための船舶の出入港は困難になる。太平洋戦争で米軍がまいた機雷が今でも日本近海から発見されている。武器弾薬を搭載した船舶は、触雷の危険を無視して北朝鮮への入港を目指すとはとても思えない。

あえて集団的自衛権を持ち出さなくてもできること、起こらないことをわざわざ追加したのは「北朝鮮」の名前を出せば、国民から支持されると考えたのだろう。日本は首相が国民の不安をあおる稀有な国になろうとしている。

米軍とともに海外で武力行使へ

安全保障を理解すれば、詐術にひっかかる心配はないが、一般には「日本が米国を守れるなら守ってやるべきだ」と考え、同意する人がいるのではないだろうか。

石破茂自民党幹事長は講演でよくこんな話をするという。友人が強盗に襲われたケースに重ね合わせ、「家の掟で助けに行けないけど、僕がやられたら助けにきて」と身勝手な要求をするのが現在の日米関係であり、お互いに助け合うべきだと主張する。

肝心なことを指摘しておきたい。日米安全保障条約第五条は「日本国の施政の下にある領域における、いずれか一方に対する武力攻撃」への対処を定めている。すなわち「日本の領域が攻撃された場合」のみを前提にしているのが日米安保条約なのだ。この条約を無視して「海外に展開する米軍」や「米国の施政の下にある領域(例えば米本土)」への武力攻撃対処に日本が踏み出すべきだというのは、筋が通らない。

自衛隊が米軍や米本土を守るというなら、いずれ条約改定を米国に提起しなければならない。そして米国が第五条で日本防衛の義務を負う見返りとして、米国への基地提供義務を定めた第六条の見直しを主張しなければ、日本の負担だけが一方的に増すことになる。

日本は米国に基地を提供しているだけでなく、米軍の駐留経費も負担している。防衛省が負担する在日米軍関係経費は四千四百億円(二〇一三年度)にのぼる。これに他省庁が負担する基地交付金、提供普通財産借上試算を加えると、実に六千四百億円ものカネを米軍のために使っている。基地負担は沖縄など基地周辺住民に限らない。財政にも及んでいるのである。

しかし、「日米同盟の強化」を訴える安倍首相は米軍基地の撤去や縮小に言及したくないのか、条約改定に触れようとしない。その代わり、日本有事の際の自衛隊と米軍の役割分担を定めた日米ガイドラインの改定でお茶を濁そうとしている。ガイドラインは日米安保条約を前提にしているため、やはり条約改定が欠かせないはずだが、安倍政権は完全に無視である。いいとこ取りは、勝手な憲法解釈だけではない。条約も都合よく読み替えようとしている。

二類型に限定して集団的自衛権を解禁しても、米艦艇が攻撃を受ける事態や米本土に弾道ミサイルが撃ち込まれる日が来ない可能性が圧倒的に高いのだから、日米関係に何の変化もないことになる。その無意味さに気づいたのだろう、安保法制懇の北岡伸一座長代理は「四類型にとらわれずに議論している。集団的自衛権を部分的に容認するのは法律の理屈としてあり得ない」(二〇一三年八月十四日『東京新聞』朝刊)と述べ、集団的自衛権の全面解禁を主張した。

では、どのような場面で自衛隊は集団的自衛権を行使するのか。北岡氏は「密接な関係にある国が攻撃を受け、日本に重大な被害が及ぶときだ。地球の裏側まで行くのかという人がいるが、地球の裏側で日本の安全に深刻な影響を与える事態は考えられない」(同)という。

では、イラク戦争はどうだっただろうか。日本と「密接な関係にある国」の米国はイラクから「攻撃を受け」ておらず、フセイン政権が続いたとしても「日本に重大な被害が及ぶとき」だったかは極めて怪しい。それでも日本政府は八千五百キロも離れた中東のイラクまで自衛隊を派遣したではないか。現に安倍政権で安全保障を担当する高見沢将林《のぶしげ》官房副長官補・国家安全保障局次長は「自衛隊が地球の反対側に絶対行かないとは言えない」と正直に述べている。

北岡氏は二月二十一日、都内の講演会で集団的自衛権行使の五条件を示した。安倍首相へ提出する報告書に盛り込むという。

五条件とは①日本と密接な関係にある国が不当な攻撃を受けた場合、②放置すれば日本の安全に大きな影響が及ぶ場合、③攻撃を受けた国から明示的に要請があった場合、④第三国の領海・領土を通過するには許可が必要、⑤首相が総合的に判断して国会の承認を受ける必要、である。

これまでの議論を踏まえ、整理したのだという。複数のハードルを設けたことにより、瞬時に対応しなければならない米艦艇防護や弾道ミサイル迎撃は対処が不可能になったことを北岡氏は認識しているだろうか。また五条件を満たせば、自衛隊はいつでも、どこへでも出動できることになる。集団的自衛権行使の全面解禁を宣言するに等しい。

米国から「ブーツ・オン・ザ・グラウンド（陸上自衛隊を派遣せよ）」と「明示的に要請があった」イラクへの自衛隊派遣は、憲法九条の制約から武力行使せず、人道復興支援に徹したが、安倍政権下で憲法解釈が変更されれば、一転して米軍とともに武力行使することになるのは明白だろう。

「駆けつけ警護」も解禁

第一次安倍内閣で安保法制懇が検討した四類型のうち、残りの二類型についても検討してみよう。まず③のＰＫＯなどで他国部隊を守るための「駆けつけ警護」である。第一次安倍内閣で安保法制懇が「認めるべきだ」と結論づけた理由は以下の通りである。

「自衛隊に救援を求めているにもかかわらず我が国独自の基準により武器使用が認められ

ていないために他国の部隊や要員を救援しないことは常識に反しており、国際社会の非難の対象になり得る」

「駆けつけ警護」に踏み切るか否かは、①憲法上の制約、②海外に派遣された自衛隊の任務、の双方を踏まえなければならない。二〇〇四年一月から〇六年七月まで、陸上自衛隊部隊の六百人、延べ五千五百人がイラク南部の町、サマワに派遣された。

私は二〇〇四年二月、そのサマワで一カ月間、陸上自衛隊を中心に取材した。現地で実感できたことは、安全とは言い切れないまでも米軍が武装勢力と戦っていた首都バグダッドやファルージャとは比べ物にならないほど治安が安定していたことである。

それでも陸上自衛隊がイラクに派遣されていた二年半の間に十三回二十二発のロケット弾が宿営地を目標に発射され、うち三発が命中した。この三発を含め一発も爆発しなかった。本格的な攻撃を受ければ、自衛隊は撤収するだけである。駐留していた二年半の間にオランダ軍はオーストラリア軍に交代したが、いずれの軍隊も攻撃されることはなかった。

軍隊とは最悪の事態を想定し、これに備える組織であることを考えれば、より本格的な「攻撃」の可能性はゼロではなかったかも知れない。しかし、そのときに自衛隊が「駆けつけ警護」をしなければならないのか否かは別の話である。

当時のイラクは米英軍の攻撃によってフセイン政権が崩壊し、国連決議により、連合暫定施政当局(CPA)が新政権の誕生まで国政を担った。軍事部門は「イラク多国籍軍司令部(MNF－I)」及びその下部組織「イラク多国籍軍部隊司令部(MNC－I)」が担当した。

イラクへ派遣された陸上自衛隊の部隊の位置づけについて、政府は以下のような見解を示している。

「当該部隊は、その活動を行うに当たって、イラク多国籍軍の中で、統合された司令部の下にあって、統合された司令部との間で連絡・調整を行うものの、その指揮下に入るわけではなく、わが国の主体的な判断の下に、わが国の指揮に従い、(イラク特措)法および(略)基本計画に基づき活動を実施する」(二〇〇四年八月十日、仙石由人衆院議員への答弁書)

自衛隊が海外派遣される場合、PKOであれ、多国籍軍が占領するイラクへの派遣であれ、自衛隊は派遣先の司令部から「指揮・命令」を受けるのではなく、司令部との間で「連絡・調整」をする。指揮下に入ると憲法違反のおそれが出てくるからである。

陸上自衛隊の任務はイラク特措法に基づく人道復興支援であり、具体的には基本計画でさだめた施設復旧、給水、医療指導の三項目に限定されていた。当然ながら、治安の維持や他国部隊の救援は含まれていなかった。

一方、サマワ駐留のオランダ軍は自衛隊以外の参加国の軍隊がそうであったように地域の治安維持を任務としていた。万一、陸上自衛隊の部隊が襲撃された場合、オランダ軍は治安維持の必要性から「駆けつけ警護」することもあり得たといえる。

自衛隊に治安維持の任務がない以上、「駆けつけ警護」を求められることはない。それでも多国籍軍司令部から協力を求められた場合、最終的には日本政府として判断することになっただろう。自衛隊が戦うことになる相手が「軍または軍に準じる組織」の場合、憲法九条一項で禁じた武力行使に該当するが、「野盗、山賊の類」であれば、「駆けつけ警護」に踏み切っても違憲とはならない。ただ、相手がどのような勢力か、果たして日本政府が判断できるだろうか。それが困難だからこそ、自衛隊の活動を人道復興支援に限定したのである。

だが、安保法制懇は日本国憲法よりも、「他国の評判」を重視する。武器使用基準が厳しいことにより、「駆けつけ警護」できない事態を「常識に反しており、国際社会の非難の対象になり得る」と批判し、「駆けつけ警護」と同時にPKOにおける「武器使用基準の緩和」も打ち出している。

途上国の列に割り込む日本

国連は要員を防護するための武器使用（Ａタイプ）と、国連ＰＫＯの任務遂行に対する妨害を排除するための武器使用（Ｂタイプ）を認めている。日本は憲法の制約からＡタイプを採用しているが、これをＢタイプにしろ、というのだ。

安保法制懇はその理由を「ＰＫＦ本体業務への参加等においては必要不可欠である」としている。ＰＫＯは本体業務と後方支援業務に分けられる。そのうちの本体業務がＰＫＦで、武装解除の監視、緩衝地帯などにおける駐留・巡回、検問、放棄された武器の処分などを指し、ＰＫＯ協力法が国会で制定された一九九二年以降、ＰＫＦは慎重論が多く、凍結された。

しかし、二〇〇一年米国で同時多発テロが起こり、米国がアフガニスタン攻撃を始めるのに合わせて日本は同年十月、テロ対策特別措置法を制定し、インド洋における米艦艇への洋上補給を可能にした。テロ特措法が武器使用基準を「自己の管理の下に入った者」と自衛隊法でさだめた「武器等の防護のための武器の使用」と拡大したのを受けて、十二月、ＰＫＯ協力法も武器使用基準を緩和して、テロ特措法と横並びにした。その際、ＰＫＦの凍結も解除された。米国が始めたアフガニスタン戦争を支援するのに合わせ、無関係のＰＫＯ協力法まで変えた。政府得意の「焼け太り」である。

ＰＫＦの凍結解除後に自衛隊が参加したＰＫＯは、東ティモール、ハイチ、南スーダンの三つあるが、いずれも後方支援分野にとどまった。後方支援業務とは、本体業務を支援する医療、輸送、通信、建設などの業務を指し、自衛隊が参加してきたのは後方支援業務のうち、建設、輸送の二項目である。

自衛隊が後方支援活動に限定してきたのは「海外における武力行使」を避ける狙いだけではない。その理由は国連のPKO参加国の一覧をみればわかる。要員を数多く派遣している国は順に、パキスタン、バングラデシュ、インド、エチオピア、ナイジェリア、ネパール、ルワンダとある。国連から支払われる兵士一人当たりの日当を外貨獲得の手段にしている国々ばかりである。途上国の行列に割り込むことこそ「国際常識」に外れる。だから日本は先進国らしく技術力を生かしてブルドーザーやショベルローダーなどの重機を持ち込み、道路や橋の補修、建物の建設に限定して参加している。

安保法制懇は、こうした現実を無視して、「PKF本体業務への参加等においては必要不可欠」との理由で武器使用基準の緩和を主張する。異常というほかない。

国会でも「任務遂行のための武器使用」を解禁すべきだとの議論は、何度も繰り返されてきた。

「例えば、宿営地警備をやっているとき、三十人ぐらいが武器を持たずに押しかけてきた、そういうときに武器を使って威嚇射撃できない。(略)羽交い締めするしかない。任務遂行の武器使用が認められていないからできない」(二〇一一年十月二十七日参院防衛外交委員会、業務支援隊長としてイラク派遣を経験した元陸上自衛隊一等陸佐で自民党の佐藤正久参院議員)

自衛隊の仕事をやりやすくするために必要だとの理屈である。だが、本当に必要だろうか。自衛隊の任務は道路や橋の補修、建物の建設である。こうした作業がやりにくいからといって人々を武器で脅す行為は、平和構築を目指すPKOの趣旨に反する。実際に威嚇射撃しなければならないほど危険が差し迫った状況下で、のんびり道路の補修など続けられるはずがない。

自衛隊が海外で高い評価を得てきたのは武力行使することなく、地元の復興に役立つ「国づくり」「人助け」に徹してきたからである。そうした事実に目をつぶり、ふつうの軍隊になるべきだとの主張に説得力があるだろうか。

他国の武力行使と一体化

最後の「④　PKOや戦闘地域での他国部隊への輸送、補給などの後方支援」をみてみよう。懇談会報告書は、①PKOなどに参加した自衛隊が後方支援活動に限定しても支援を受けた他国の軍隊が武力行使すれば「武力行使との一体化」になり、憲法違反となる。日本が得意とする後方支援活動を不当に制限している。②極東有事で米軍が日本の基地を戦闘作戦行動に使えば、日本による基地の提供とその使用許可は、米軍の「武力行使との一体化」をし、安保条約そのものが違憲という不合理な結果になりかねない。③周辺事態で日本が米軍を後方支援することは抑止力を高めるので、日本の安全保障上好ましいが、「一体化」論は制約を課すこととなる——としている。

①のPKOで派遣された自衛隊の後方支援に支障が出るから、「武力行使との一体化」の容認が必要との主張は、安保法制懇のメンバーのレベルを疑わせる。そもそも自衛隊はPKO協力法を根拠にした停戦の合意、自衛隊派遣の同意など参加五原則のもとで行われる。PKO参加五原則に照らし、参加が可能か否かを見極めたうえで自衛隊は派遣されており、派遣期間中に他国部隊が武力行使に踏み切るような場面があれば、停戦合意の破綻が疑われ、撤収の要件となる。撤収するのだから「武力行使との一体化」を心配する必要はない。

他国の軍隊や武装勢力による武力行使が最初から見込まれる国に設立されるPKOなどあろうはずもなく、存在しないPKOに参加できないことをもって参加を「不当に制限してきた」ことにはならない。

ただ、最近のＰＫＯは軍事的措置を認めた国連憲章七章にもとづき、武力行使が容認された活動が増えている。この場合の任務遂行のため、また文民保護のための武力行使が想定されている。だが、具体的にどのように武力行使するのか手段への言及はなく、「必要なあらゆる措置をとる」としかない規定は極めてあいまいだ。

実際のところ、自衛隊が参加したハイチＰＫＯ（終了）、現在も続く南スーダンＰＫＯとも七章型のＰＫＯである。しかし、他の七章型ＰＫＯを見ても、ＰＫＯ部隊が紛争当事者となり、敵対行動に直接参加しているような事態、すなわちＰＫＯ参加五原則から外れる事態は起きていない。「武力行使との一体化」を想定する必要はないというのが結論になる。

では、②の場合はどうか。極東有事の際、米軍が日本の基地を戦闘作戦行動に使用するか否かは、一九六〇年一月十九日、安倍首相の母方の祖父、岸信介首相とハーター米国務長官が交わした「岸・ハーター交換公文」によって日米間の事前協議が必要となっている。事前協議における日本政府の対応は「イエスと言う場合もノーと言う場合もございます」（一九六〇年四月二十七日衆院日米安保条約等特別委員会、藤山愛一郎外相）とされる。

在日米軍基地が使われた例としては、ベトナム戦争当時、横田基地を中継基地として使用、湾岸戦争やイラク戦争で横須賀基地を事実上の母港とする第七艦隊が出撃、同じく湾岸戦争、イラク戦争へ沖縄の海兵隊が出撃、湾岸戦争後のイラク軍の飛行禁止空域を監視するため三沢基地、嘉手納基地の戦闘機部隊が中東の「サザン・ウォッチ作戦」に参加、などがある。

しかし、日米間で事前協議が行われたことは一度もない。その理由は一九五九年六月、藤山愛一郎外相とマッカーサー駐日大使が交わした「討論記録」により明らかになった。「部隊の移動」の名目があれば日本の同意なしに作戦行動ができる「抜け道」がつくられたためである。いわゆる密約が両国の取り決めをなし崩しにしている。

安保法制懇は「我が国による基地の提供とその使用許可は、米軍の『武力の行使と一体化』することになるので、安保条約そのものが違憲であるというような不合理な結果になりかねない」というが、事前協議が行われた例がないため、日本政府はイエスか、ノーか示したことがない。なぜ日本政府がノーという前提に立っているのだろうか。妄想をもとに「不合理」と主張すること自体が「不合理」である。

③の周辺事態における日本の米軍支援は、一九九九年に周辺事態法が制定され、憲法違反にならない範囲で自衛隊ばかりでなく、官民挙げて米軍を支援できる規定がすでに存在している。

周辺事態とは一九九七年九月二十三日に日米で新たに合意した「日米防衛協力のための指

針（新ガイドライン）」で、「地理的な概念ではなく、事態の性質に着目したものである」とされているが、新ガイドラインが米国による北朝鮮攻撃の検討をきっかけに日米で議論を開始したことから朝鮮半島有事を想定しているのは明らかである。

周辺事態法によると、米軍を支援できるのは「日本の領域、公海およびその上空」とされ、自衛隊は非戦闘地域で米軍への補給、輸送、修理および整備、医療などが実施できるようになった。後方支援に特化しているのは憲法違反となる「武力行使との一体化」を避けたからである。安保法制懇は、これでは活動に制約があると主張するものの、これ以上の対米支援は改憲を抜きにしては実現しようがない。それなら憲法解釈を変更すればよい、というのが安保法制懇の報告書である。

首相が生みの親「積極的平和主義」

「積極的平和主義」。安倍首相がひんぱんに口にするこの言葉は、いつ、だれが考えだしたのだろうか。そして、その意味するところは何か。

安倍首相は二〇一三年九月、「国家安全保障戦略」策定と日本防衛の指針である「防衛計画の大綱」改定のため、安保法制懇とは別の有識者懇談会「安全保障と防衛力に関する懇談会（安防懇）」を立ち上げた。メンバーには、法律に裏付けられた審議会であれば排除すべきとしている元官僚・元自衛官が四人含まれる。

安保法制懇と重複しているのは座長になった北岡伸一氏と細谷雄一氏の二人。特に北岡氏が安倍首相の安全保障政策に強い影響を与えていることが分かるだろう。メンバーは以下の通り。

海老原紳　住友商事顧問（元駐英大使）
折木良一　防衛大臣補佐官（前統合幕僚長）
北岡伸一　国際大学学長・政策研究大学院大学教授＝座長
中江公人　防衛省顧問（元防衛事務次官）
中西輝政　京都大学名誉教授
福島安紀子　公益財団法人東京財団上席研究員
細谷雄一　慶応義塾大学教授
谷内正太郎　内閣官房参与（元外務事務次官）＝座長代理

北岡氏は二月二十一日、日本プレスセンターでの会見で、国家安全保障戦略について「昨年十二月、閣議で採択された。このとき話題になったのは、国家安全保障戦略の要《かなめ》は、国際協調主義に基づく積極的平和主義。ちょっと分かりにくい言葉だが、この言葉を最初に言ったのは安倍さん。会合で初めて聞いた。しめたと思ったのは、積極的平和主義というのは消極的平和主義じゃない」と述べている。

「積極的平和主義」の生みの親は安倍首相というのだ。確かに首相は二〇一三年九月十二日、最初の会合のあいさつで「国際協調主義に基づく積極的平和主義の立場から、世界の平和と安定、繁栄の確保にこれまで以上に積極的に関与していく」と述べている。これより後の九月二十六日、国連総会では「積極的平和主義の立場から、PKOをはじめ、国連の集団安全保障措置に、より積極的に参加できるよう図ってまいります」と演説した。

PKOには一九九二年から参加し、自衛隊は道路補修などの後方支援分野で活動しており、あらためて憲法解釈を変える必要はない。

もうひとつの「国連の集団安全保障措置」とは、平和の脅威となる国への禁輸措置などの経済制裁のほか、武力行使が含まれる。クウェートに侵攻したイラクを撤退させた一九九一年の湾岸戦争の多国籍軍がこれにあたる。

安倍首相は多国籍軍への参加までは言及していないが、集団的自衛権行使の解禁を検討する首相の私的懇談会、安保法制懇の北岡伸一座長代理は二〇一三年十月十六日の記者ブリーフィングで「憲法解釈を変えなければならないのは、集団的自衛権と集団的安全保障のことである」と明言した。経済制裁に参加するのに、憲法解釈を変える必要はない。北岡氏の説明は、集団的自衛権行使とともに国連による武力制裁、すなわち多国籍軍に参加するとの趣旨である。

国連安保理による武力制裁決議は、冷戦下においては、一九五〇年に起きた朝鮮戦争で編成された「朝鮮国連軍」の一件のみである。国連軍とはいうものの、指揮権は米国にあって安保理にはないこと、軍事参謀委員会が戦略的指導を行っていないこと、予算は各国が負担したことなど冷戦後の多国籍軍との共通項が多く、事実上、多国籍軍だったということができる。

しかし、冷戦が終わると、多国籍軍は一九九一年から二〇一一年までの二十年間で九回も編成されている。ほぼ二年に一回という高い頻度だ。

冷戦当時、東西の盟主だった米国、ソ連はそれぞれの同盟国・友好国を囲い込み、反対陣営からの影響力を排除する目的で集団的自衛権行使を大義名分にして武力行使に踏み切ったのに対し、集団安全保障措置は冷戦が終わり、不安定化した世界の平和と安全を取り戻す目的でひんぱんに発動されるようになった。

典型例といえる湾岸戦争をみてみよう。多国籍軍編成の根拠となる安保理決議６７８号は一九九〇年十一月二十九日に採択された。翌九一年一月十七日、「砂漠の嵐」作戦が開始され、米英を含む三十カ国からなる多国籍軍がイラクをクウェートから排除した。注目されるのは、米国は湾岸戦争より前の一九九〇年八月九日、クウェート、サウジアラビア両政府からの要請に応え、集団的自衛権を行使する旨、安保理に報告している。英国も同様の報告をした。米英は安保理決議がなくても武力行使に踏み切る構えだったことが分かる。

悲劇に終わった例もある。一九九二年、ソマリア内戦でＰＫＯである国連ソマリア活動が設立され、人道援助を安全に行うことを目的に米軍を中心にした多国籍軍が編成された。しかし、内戦は収まらず、武力制裁を認める国連憲章七章に基づいて、あらゆる必要な措置をとることを認める第二次国連ソマリア活動が設立された。初めて武力行使が認められたＰＫＯは国連が紛争当事者になるという予想外の展開となり、百五十四人の死者を出した。米兵は十八人が殺害され、市民に遺体を引きずり回される場面がテレビで放映された。九五年、国連は完全撤退し、平和強制は失敗のうちに終わった。

最近の多国籍軍は二〇一一年三月の対リビア武力行使である。米英仏の三カ国により、国連が設定した対リビアの飛行禁止空域を守らせるための空爆が実施された。

多国籍軍参加への模索

安倍首相は安保法制懇の冒頭あいさつで「参加すべき」との考えを示しているが、歴代政権は憲法九条によって禁止されているとして、多国籍軍に参加して来なかった。過去には自民党が多国籍軍への参加で揺れた時期がある。

話は湾岸戦争の直後まで遡る。当時、自民党幹事長だった小沢一郎氏は幹事長を辞任してすぐ自民党に「国際社会における日本の役割に関する特別調査会(小沢調査会)」を設け、一度は「国連軍への参加は、憲法が禁じた集団的自衛権の行使とは異なり可能」との見解をまとめた。だが、湾岸戦争の多国籍軍は指揮権が国連ではなく参加国にあるため、集団的自衛権行使にあたりかねないとして最終答申は「協力は当面、資金面・物資面での支援や、実力行使を目的としない医療・輸送・環境保全などの人的協力にとどめるべきであり、それを越えた人的協力は差し控えるべき」との表現にとどめた。だが、結局、後方支援分野へも自衛隊を派遣しなかった。

宮沢喜一首相は一九九二年三月十三日の衆院予算委員会で「国連軍が今の国連憲章や、昨年の湾岸戦争の際の多国籍軍のようなものの延長線上で考えられる限りは、海外での武力行使が憲法で禁じられていることと衝突する」と述べ、多国籍軍への参加は違憲との見解を示した。小沢氏は自民党を離れ、新生党党首になって以降、武力行使を伴う多国籍軍であっても積極的に参加すべきとの見解を主張するようになるが、現在の政府見解は以下の通りとなっている。

「いわゆる多国籍軍への『参加』とは、当該多国籍軍の司令官の指揮下に入り、その一員として行動することという限定された意味でのものであり、このような意味における『参加』が許されないと述べたのは、その目的・任務が武力の行使を伴う多国籍軍に右のような形態で『参加』すると、自衛隊の活動が武力の行使に及んだり他国の武力の行使と一体化することがないという前提を確保することが困難であると考えてきたためである」（二〇〇四年六月二十二日、長妻昭衆院議員への政府答弁書）

売られてもいないケンカを買って出るに等しい集団的自衛権行使は論外という人でも、国連の集団安全保障措置は参加を認めるべきではないか、と考える人はいるのではないだろうか。だが、湾岸戦争後、ＰＫＯ協力法が制定され、ＰＫＯの枠組みで国連への人的貢献が可能となることにより、多国籍軍参加の検討は棚上げされた。

安保法制懇の北岡氏のように「憲法九条一項で禁じているのは、日本と他国の間の紛争のことで、第三国における武力の行使を禁じたものではない」といった乱暴な憲法解釈で多国籍軍への参加が可能となるなら、PKO、イラク派遣など自衛隊の海外派遣で設けてきた歯止め策は何ひとつ要らなかったことになる。

丁寧な議論が必要なのは言うまでもない。例えば、9・11同時多発テロの報復として米国が個別的自衛権を行使して始めたアフガニスタン戦争で、英国は集団的自衛権を行使して米国とともに戦った。このとき、日本はインド洋に海上自衛隊の補給艦を送り込み、攻撃へ向かう米艦艇に燃料を供給した。

日本政府は9・11テロを非難し、国際平和と安全に対する脅威であることを認めた国連安保理決議1368号を柱に四つの国連決議を引用してテロ特措法を成立させる。同法により、自衛隊の活動は集団的自衛権の行使ではなく、国連が呼びかけた集団安全保障措置への参加と位置づけられる。武力行使を避けるため、米軍や多国籍軍の指揮下に入らず、連絡・調整をするにとどめて活動を後方支援に限定した。米軍への後方支援自体、武力行使との一体化が疑われるものの、政府としては国会で追及されても、合憲と主張できる理屈を生み出したのである。

　イラク戦争も同様である。イラク特措法は米国による攻撃を安保理決議678号、687号、1441号を根拠とすることで、自衛隊のイラク派遣を国連の集団安全保障措置への参加と位置づけている。当時、首相官邸で安全保障の内閣官房副長官補だった柳沢協二氏は「国際世論が割れたイラク戦争だったが、官邸に米軍を支援しないという選択肢ははじめからなかった」といい、憲法違反とならずに対米支援できる方策を探ったという。

　イラクに派遣された陸上自衛隊は施設復旧、医療指導、給水の人道復興支援に徹した。前述のようにこれは小沢調査会が打ち出した「実力行使を目的としない医療・輸送・環境保全などの人的協力にとどめるべきであり、それを越えた人的協力は差し控えるべき」との過去の自民党見解に沿う活動となっている。多国籍軍への参加は、「武力行使との一体化」とならない範囲であれば、可能なのではないかと考えさせられる。

　だが、安倍首相が目指す「積極的平和主義」は違う。北岡氏がいう憲法解釈を変更しなければならない多国籍軍への参加とは、武力を行使する戦闘正面への自衛隊の参加を指している。そのために、憲法の読み方を変えればよいというのでは話にならない。湾岸戦争から二十余年、日本の政治家は劣化したと嘆くほかない。

第4章
「積極的平和主義」の罠

北朝鮮の弾道ミサイル試験発射で，防衛省に置かれた地対空ミサイル「PAC3」(2012年3月)

武器提供決めた日本版ＮＳＣ

二〇一三年、秋の臨時国会で安倍政権は安全保障政策の転換点になる日本版ＮＳＣ（国家安全保障会議）を設立し、秘密情報の漏洩《ろうえい》を防ぐ特定秘密保護法を成立させた。

ＮＳＣとは正式にはNational security councilで、直訳して国家安全保障会議となった。米国や英国で採用されており、大統領や首相をトップとし、メンバーとなった少数の閣僚が外交問題や防衛問題を審議する。日本版ＮＳＣでは、首相、外務相、防衛相、官房長官の四人がメンバーとなっている。

日本版ＮＳＣは安倍晋三首相が設置に意欲を示した。第一次安倍政権下の二〇〇七年、有識者による官邸機能強化会議の報告書をもとにＮＳＣ法案を国会に提出したが、安倍首相の退陣後、福田康夫首相が「安全保障会議で十分」として、法案を廃案とした。

この安全保障会議（旧国防会議）とは、国防に関する重要事項や重大緊急事態に対処するための機関で、メンバーは首相、総務相、外務相、財務相、経産相、国土交通相、防衛相、官房長官、国家公安委員長の九人。役割、メンバーとも日本版ＮＳＣとそれほど変わりはないので福田首相は不要と判断したのだろう。

福田首相は安倍首相が設立した有識者懇談会「安全保障の法的基盤の再構築に関する懇談会(安保法制懇)」が集団的自衛権行使を容認すべきだとの内容をまとめた報告書を受け取り、「憲法解釈を変えてくれと頼んだ覚えはない」と放り出している。二人の考えは水と油ほども違う。

二〇一二年十二月、首相の座に返り咲いた安倍首相は国家安全保障について「司令塔が必要」と強調し、日本版NSCの設置を再び主張。安保法制懇は、日本版NSCを「首相を中心にして外交・安全保障の課題について、戦略的観点から日常的に議論する場を設立し、政治の強力なリーダーシップにより迅速に対応できる環境を整備する」と意義を強調した。

首相ら四人のメンバーを支えるため、外務省、防衛省、警察庁から六十七人(自衛官十二人を含む)を集めて事務局をつくり、総括・調整、政策第一(米加豪印、欧州、東南アジア)、政策第二(露、北東アジア)、政策第三(中東、アフリカ)、戦略企画、情報の六班を置き、局長に安倍首相の信任が厚い谷内《やち》正太郎元外務事務次官が就任した。

問題は日本版NSCが集め、議論する大前提となる外交・安全保障上の情報が米国頼みとなることにある。米国のNSCのもとにはスノーデン氏の盗聴暴露で有名になった国家安全保障局(NSA)のほか、中央情報局(CIA)、国防情報局(DIA)、連邦捜査局(FBI)といった、歴史もあり人員も揃った情報を取り扱う十七もの専門機関があるのに比べ、日本で安全保障面の情報を扱うのは、防衛省情報本部、内閣情報調査室、そして外務省であり、既存の組織に含まれるだけなのでいかにも見劣りがする。

日本の安全保障に関係する重要な情報は、とりわけ中国や北朝鮮を宇宙から撮影した米国の偵察衛星からの画像である。日本には内閣衛星情報センターがあり、四基の情報収集衛星を運用しているが、解像度は米国の民間衛星程度といわれている。米国の偵察衛星の画像はＤＩＡから防衛省情報本部へ、またＣＩＡから内閣情報調査室に渡される。一方、防衛省情報本部には全国で六カ所の通信所、三カ所の分遣班があり、中国、北朝鮮、ロシアの軍事通信を常時、傍受して分析している。

例えば米国から渡された偵察衛星の画像と防衛省が収集した軍事通信を重ね合わせれば、より緻密な軍事情報になるが、中東やアフリカの画像を渡されても、物理的に通信傍受ができない地域なので検証のしようがない。

仮に米国から一年前の画像を見せられ、「昨日撮影した画像」といわれても、そのウソを見破る手段がないのである。日本政府はスパイと呼ばれる特殊な工作員を一人も持っておらず、また情報を収集する在外公館は十分な活動をしているとは言い難い。アフリカではひとつの在外公館が三カ国も四カ国も兼任しており、集まる情報の質・量ともたかが知れている。

米国が正しい情報を提供してくれれば問題ないが、米国には「フセイン政権が大量破壊兵器を隠し持っている」との誤った情報をもとにイラク戦争に突入した過去がある。大統領を頂点にする少人数のNSCで議論すれば、大統領の思う方向へとゆがんだ情報が集まる危険性があることをNSCの本家、米国が証明した。故意であれ、過失であれ、事実と異なる情報が米国から提供され、日本版NSCの閣僚が日本にとって重大な決断を下すことになるのである。

日本版NSCは米国などの機密を共有するため、情報保全の徹底も課題として、安倍政権は機密を漏洩した公務員らへの罰則を強化する特定秘密保護法を強行成立させた。特定秘密の対象や範囲が曖昧なうえ、ジャーナリストや一般市民が処罰の対象に入るため、「政府の情報統制が強まる」との批判が出るのは当然だろう。

発足からわずか二十日後の二〇一三年十二月二十三日、早速、日本版NSCは重大な決断を下した。アフリカの南スーダンで国連平和維持活動(PKO)に参加中の自衛隊が韓国軍に銃弾一万発を提供することを決めたのである。

菅義偉《すがよしひで》官房長官は二十四日の記者会見で「人道性、緊急性の必要性が極めて高いことを考え、武器輸出三原則によることなく、譲渡した」と説明したが、政府はこれまで、PKO協力法第二五条に基づく物資協力を、武器や関連技術の海外提供を禁じた武器輸出三原則に従って実施するとし、物資協力に「武器弾薬は含まれない」と説明してきた。

一九九八年五月七日、衆院安全保障委員会で自由党の佐藤茂樹氏（現公明党）が「『武器弾薬等の物資協力はあり得ない』と、条文に書かなくても大丈夫か」とわざわざ質問したのに対し、政府側は「もし万が一、仮にあったとしても断る」（茂田宏国際平和協力本部事務局長）と断言している。

菅氏は過去の国会答弁との整合性がとれない点を「人道性」「緊急性」という反論しにくい理由を挙げた。「だから仕方ないだろう」との開き直りである。韓国で日本から銃弾を受け取った事実が報道されると、批判が高まり、韓国政府は「追加防御の意味で国連に弾薬の支援を要請し、国連を通じて支援を受けたというのがすべてだ」（二〇一三年十二月二十四日、趙泰永《チョテヨン》韓国外交部報道官）と緊急性を否定、日本側の根拠が揺らぐことになった。その後、銃弾は南スーダンで自衛隊に返還された。

銃弾の提供は日本版NSCを拡大した元の安全保障会議メンバーである九人が集まり、即決された。会合は非公開のうえ、議事録は作成していないので当然、残っていない。どのような情報を基にどのような議論があったのか、検証する術《すべ》がない。国民の見えないところで、重要政策が転換されるおそれが現実のものになった。

米韓共同演習に対抗して北朝鮮は三月三日午前六時十九分と三十分、日本海へ向けて短距離弾道ミサイル「スカッドC」を二発発射した。韓国政府が発表したのは同日朝だったが、日本政府の発表は十八時間近くも経過した同日午後十一時四十五分だった。

米国は発射と同時に早期警戒衛星が探知した情報を日本と韓国に伝えたが、NSC事務局は日朝赤十字会談などへの影響を考慮したのか動きが鈍かった。しかし、テレビは韓国政府の発表を繰り返し報道、深夜になって日本政府はようやく発表に踏み切ったのである。

次に北朝鮮は、日米韓首脳会談に合わせて同月二十六日、午前二時三十五分と同四十五分に中距離弾道ミサイル「ノドン」を二発、やはり日本海に向けて発射した。このときの日本政府の発表は発射から二時間四十五分が経過していた。前回より早かったものの、ノドンはとっくに落下した後である。

政府の弾道ミサイルに対する対応方針は、日本に影響が及ぶ事態ではない場合でも全国瞬時警報システム(Jアラート)で内閣官房から自治体に伝えることになっている。今回は二度の発射とも使われなかった。日本版NSCが創設されたことで政治的な思惑が絡む余地が生まれ、かえって情報伝達が遅くなったといえるだろう。「国民の安全を守る」はずのＮＳＣが裏腹の事態を招いている。

ミサイル防衛が原点、特定秘密保護法

迎撃ミサイルのテストのためにハワイ・カウアイ島に派遣されたイージス艦「こんごう」(2007 年 12 月)

日本版ＮＳＣの発足に合わせて、特定秘密保護法が成立した。日本版ＮＳＣで安全保障問題の議論をするには情報が欠かせず、米国から提供される秘匿度の高い情報の漏洩を防止するには秘密保護の法制が必要というのが安倍政権の説明だ。日本版ＮＳＣと特定秘密保護法は表裏一体というのだ。

だが、特定秘密保護法の原点は、第一次安倍政権下、日米で軍事にかかわる秘密保護協定を締結したことにある。協定は「軍事情報包括保護協定（ＧＳＯＭＩＡ《ジーソミア》）」で、二〇〇七年八月に締結された。

それまで日米の軍事秘密の保護対象は、「日米相互防衛援助協定等に伴う秘密保護（ＭＤＡ）法」に基づき、

米国から導入した「武器技術」に限られていた。一方、GSOMIAは、日本全体に軍事秘密の保護を義務づけ、漏洩を禁じる包括的な性質を持つ。作戦計画、武器技術などあらゆる軍事分野におよび、口頭、文書、写真、録音、手紙、メモ、スケッチなどすべての伝達手段による漏洩を禁じている。

一九八〇年代には、GSOMIAの締結をめぐって国会で議論があった。中曽根政権で世論の反対で廃案になった「国家秘密法案(スパイ防止法案)」の二の舞になるのを恐れた政府は「このような協定を結ぶつもりも意図も全くないということに尽きる」(一九八八年五月十七日衆院内閣委員会、岡本行夫外務省安全保障課長)と締結を否定した。

方向転換したのは、二〇〇三年十二月に小泉純一郎政権が閣議決定した米国からのミサイル防衛システムの導入がきっかけである。弾道ミサイルをミサイルで迎撃する神業のようなこのシステムは、レーガン政権時に米国が研究・開発を開始し、約十兆円を投じた末に実戦配備にこぎつけた。日本では自衛隊が運用しているが、情報源となる衛星も迎撃ミサイルも米国生まれである。ミサイル防衛システムは米国の情報がないと使いものにならない。

導入決定後、久間章生《きゅうまふみお》防衛庁長官が米国に地対空迎撃ミサイル「PAC3」のライセンス生産を打診し、二〇〇五年三月には日米で了解覚書を交わして国内最大手の防衛産業、三菱重工業におけるライセンス生産が認められた。日米は高度な秘密を共有する以上、具体的な秘密保護策が必要だとの認識で一致、二〇〇五年十月、自衛隊と米軍の一体化を打ち出した米軍再編中間報告に「共有された秘密情報を保護するために必要な追加的措置をとる」と書き込まれた。

事態が動いたのは第一次安倍政権下の二〇〇七年一月だった。防衛省情報本部の一等空佐が秘密漏洩の疑いで自衛隊警務隊の事情聴取と家宅捜索を受けたのだ。南シナ海で中国潜水艦が火災を起こし、航行不能になったとの『読売新聞』記事の情報源とみなされた。

不自然なのは、警務隊の摘発が報道から実に一年八カ月も経過していたことにある。事情聴取後の同年五月には日米がGSOMIAの締結で合意し、八月には締結と長年の懸案が驚くべきスピードで決着した。このタイミングで強制捜査に踏み切ったのは、秘密保護法制が必要だと国民に思わせるための「見せしめ」だったのではないだろうか。

国会では秘密保護法の制定につながるとの懸念が示されたが、政府は「国内法の整備は必要ない」(二〇〇七年五月七日衆院テロ・イラク特別委員会、久間章生防衛相)とかわした。GSOMIAは国会の批准が必要な条約ではなく、行政協定という軽い扱いだったせいか、国会での追及はほとんどなかった。二〇〇八年四月、政府はその言葉に反し、「情報保全法制の在り方に関する検討チーム」を発足させ、民主党政権でも引き継がれて、特定秘密保護法案に結実したのである。

米国からのマル秘情報を日米で共有するためにＧＳＯＭＩＡを締結したのだから、情報の受け皿になる日本版ＮＳＣを設立したり、特定秘密保護法を制定したりするのは、当然の帰結ということになる。

ＧＳＯＭＩＡが締結されて、米国の軍事技術が提供され、日本の防衛産業でも米軍の最新兵器の生産や修理ができるようになった。米国製の最新鋭戦闘機Ｆ35の国内生産は、その典型例である。Ｆ35の生産をきっかけに、安倍政権は武器輸出三原則を見直し、防衛装備移転三原則として全面解禁した。「わが国を取り巻く安全保障環境が一層悪化している」といって憲法解釈まで変えようという政権が、武器を海外に輸出して安全保障環境を一層悪化させようというのだから、まるで漫画である。

安全保障上、公表できない情報があるのは当然である。しかし、政府は最近十五年で公務員による主要な情報漏洩事件は五件あり、安倍首相は前出の「中国潜水艦に関わる事件以外は特定秘密に該当しない」と明らかにしている。情報を漏らした一佐は結局、起訴猶予となり、刑罰を受けることはなかった。

二〇〇一年に自衛隊法が改正され、情報漏洩の罰則を懲役一年以下から五年以下にし、民間人も罰するとした厳罰化の抑止効果が出ているといえるだろう。日米で合意した「共有された秘密情報を保護する」という一線を飛び越えて、保護対象を無限定に拡大するのは明らかに行き過ぎている。

ウソで塗り固められたイラク派遣

特定秘密保護法が成立した二〇一三年十二月六日を過ぎると政府・自民党の本音が出てきた。石破茂幹事長はニッポン放送のラジオ番組で「『知る権利だ！』といって、それを合法な方法で知ったと。それを外に出すと、国の安全に大きな影響があるなあということがわかっているけど、報道の自由として報道する。処罰の対象にならない。でも大勢の人が死にましたとなればどうなるのか。それはやはりある。処罰の対象ではない。だからいいんだ、という話になる」と述べた。

この言葉から思い起こされるのは、自衛隊のイラク派遣をめぐる際の報道統制ぶりだ。陸上自衛隊の先遣隊への派遣命令が出る前日の二〇〇四年一月八日、防衛庁広報課長は防衛記者会（加盟五十三社、常勤十八社）にイラクや隣国クウェートでの自衛隊に対する取材対応をめぐる協議を「白紙撤回する」と一方的に通告、同月十三日には北原巌男官房長が会見で「陸海空幕僚長、官房長、副長官の定例会見を廃止する」と宣言した。

イラクへの派遣は紛争が一段落した国や地域へ派遣するPKOとは違う。米軍と武装勢力が戦闘を続けている「戦地」への派遣である。自衛隊がどのように活動するか取材して報道することが極めて重要であることはいうまでもない。幕僚長らの会見が廃止されれば、自衛隊は防衛秘密という分厚いベールの向こうに姿を隠してしまう。

それを、派遣直前のタイミングで情報を極端に絞り込もうというのだ。官房長は①防衛庁は他省庁と比べて定例会見の数が多い、②質問が出ない定例会見が多い、③昨今の情勢から臨時会見で対応することが多くなった、ことを定例会見廃止の理由に挙げた。記者会からは①に対して、国民への説明責任の観点から記者会見が多いことがよくないとする理由がない、②、③については具体的なデータを示すよう求め、官房長が翌日、再度会見を開いてデータを明らかにすることを約束した。会見は三時間に及んだ。

翌十四日に再度開かれた会見で、北原官房長は国民への説明責任については明確な回答をせず、②のデータは、二〇〇三年二月以降の一年間の全記者会見は三百二十三回あり、このうち質問がなかったのは五十四回だった。質問なしは、陸幕長六回、海幕長一回、空幕長四回、官房長二十四回、事務次官十五回、長官二回と公表した。何のことはない、制服組の会見で質問がなかった会見の数は、事務次官や官房長より、ずっと少なかったのである。

また、③について、臨時会見があったのは廃止対象の会見者で二〇〇三年八月以降、陸幕長の一回のみで、「最近増えている」との説明にも根拠がないことが明らかになった。何と前日に説明した定例会見廃止の理由は、まったく根拠のないでたらめだったのである。官房長は「質問のない会見が多いといったのは誤りであり、陳謝する」と誤りを認めた。そして会見廃止の通告を撤回した。

防衛庁の背後にいたのは福田康夫官房長官だった。派遣日程が先行報道されるたび、防衛庁に日程変更を指示するというメディアへの妨害を続けた。

年末に航空自衛隊先遣隊を派遣した際、「十二月十五日出発」と事前に報道されると一日ずらすよう指示。陸上自衛隊先遣隊について防衛庁は「一月九日派遣命令、十六日出発」としていたが、福田長官のひと声で派遣命令が「八日に前倒し」「十日に先送り」と二転三転した。

会見で日程変更について聞かれた福田長官は「防衛庁に相談したことはあるが、指示はしていない」と釈明した。もちろん防衛庁では「相談」などとは受けとめておらず、毎回変更の検討を余儀なくされた。内局幹部は「日程漏れは隊員の安全にかかわるから」と福田長官を擁護したが、「自分も知らない日程が報道されることに我慢がならないだけ」と解説する別の幹部もいた。

イラク派遣後も情報操作は続いた。陸上自衛隊はイラクに、航空自衛隊はクウェートに陸上自衛隊の交代要員や補給物資を空輸するため、輸送機とともに派遣された。二〇〇六年六月二十日、額賀福志郎防衛庁長官は陸上自衛隊のイラクからの撤収と国連物資の空輸開始を発表した。国連の拠点のある北部アルビルに国連職員とともに空輸するというのだ。

空輸の中身は非公表だったが、途中から空輸先がバグダッドである疑いが濃厚になった。取材の結果、武装した米兵を首都バグダッドへ空輸する定期便運航をしていること、バグダッド上空で携帯ミサイルに狙われていることを示す警報音が鳴り響くことを『東京新聞』『中日新聞』で複数回、報道した。これらの記事が証拠として採用され、名古屋高裁は二〇〇八年四月、航空自衛隊の空輸活動は米軍の武力行使と一体化しており、憲法に違反すると同時に非戦闘地域での活動をさだめたイラク特措法に違反するとの判決を出した。

空輸の中身は二〇〇九年七月、防衛省によって公表され、八百二十一回の飛行で合計四万六千四百七十九人を空輸したことが明らかになった。うち陸上自衛隊は一万八百九十五人。

国連職員は二千七百九十九人に過ぎず、米兵は二万三千七百二十七人で最多であることが判明した。

二〇〇四年七月三十一日、武装した米兵が航空自衛隊のC130輸送機に乗り込み、バグダッドへの空輸が始まった。翌八月、米軍は掃討作戦を開始した。七月三十一日以降に空輸した米兵は一万七千六百五十人にのぼり、米軍の掃討作戦を支えたのは間違いない。

このように、特定秘密保護法が存在しない時点でも、政府は十分過ぎるほど情報を隠し、出し渋り、臆面もなくウソをつき続けた。

石破氏のラジオ番組での発言は、イラク派遣の際の情報統制を正当化するものである。自衛隊を海外へ送り出す際、どこでどんな活動をいつまで続けるのか、漏れると国民の多くが派遣に反対するような情報を特定秘密に指定すれば、報道が困難になり、派遣の是非を検証することが難しくなる。その一方で極端な情報の絞り込みは、大本営発表のような官製のウソを蔓延《まんえん》させる事態になり得る。いかなる政権も日本版NSC、特定秘密保護法を活用することにより、きわどい安全保障問題を左右できるだろう。

憲法解釈が変更されれば、海外における武力行使はやすやすと実現するに違いない。

「積極的」だらけ、「国家安全保障戦略」

安倍政権は二〇一三年十二月十七日、半世紀以上にもわたり、安全保障政策の原点だった「国防の基本方針」を廃止し、あらたに「国家安全保障戦略」を閣議決定した。

「国防の基本方針」がＡ４版で一ページだったのに対し、「国家安全保障戦略」は三十三ページで二万四千文字もあり、国家安全保障の基本理念にとどまらず、日本を取り巻く安全保障環境の分析、日米同盟の強化など記述が多岐にわたり、かえって目指すべき基本方針がぼやけるという分かりにくい文章になっている。同じ日に改定された日本防衛の指針「防衛計画の大綱（大綱）」との重複も目立つ。

それに比べると「国防の基本方針」は極めて分かりやすい。国防の目的について、「直接及び間接の侵略を未然に防止し、万一侵略が行われるときはこれを排除し、もって民主主義を基調とする我が国の独立と平和を守ることにある」としていた。この目的を達成するための基本方針が四項目示されている。

① 国際連合の活動を支持し、国際間の協調をはかり、世界平和の実現を期する。
② 民生を安定し、愛国心を高揚し、国家の安全を保障するに必要な基盤を確立する。
③ 国力国情に応じ自衛のため必要な限度において、効率的な防衛力を漸進的に整備する。

④　外部からの侵略に対しては、将来国際連合が有効にこれを阻止する機能を果たし得るに至るまでは、米国との安全保障体制を基調としてこれに対処する。

安倍首相の母方の祖父、岸信介首相のもとで決定されたが、骨格は吉田茂首相が目指した「軽武装・経済優先」を実現する必要から「日米安保体制を機軸とする日本防衛」を打ち出したところに意義がある。この基本方針のもと、わが国は専守防衛に徹し、他国に脅威を与えるような軍事大国とはならず、非核三原則を守ることを堅持してきた。

しかし、「国家安全保障戦略」は、「我が国の平和国家としての歩みは、国際社会において高い評価と尊敬を勝ち得てきており、これをより確固たるものにしなければならない」と過去を評価する一方で、日本を取り巻く安全保障環境の悪化を理由に「より積極的な対応が不可欠」と主張、そしてキーワードとなる「国際協調主義に基づく積極的平和主義」を掲げている。

「積極的平和主義」とは、日本国憲法の柱のひとつ、平和主義とはまるで違う概念である。「日米同盟の強化」の項目で、日本と米国の安全保障上の役割分担をさだめた「日米防衛協力のための指針」を見直すと明記し、安保法制懇で検討している集団的自衛権行使の容認を先取りした。さらに国連の集団安全保障措置に「より積極的に寄与していく」とあり、世界の平和を脅かす国への武力制裁も含まれる国連の集団安全保障措置への参加も打ち出した。

文中、「積極的」との言葉が三十回も登場、国内外の安全保障問題に文字通り積極的に関わっていく姿勢を鮮明にしている。ここから海外の紛争から距離を置いてきた戦後の平和主義を「消極的」とみなして否定し、第一次安倍政権で掲げた「戦後レジームからの脱却」を実現する狙いが鮮明になる。

強い意気込みは、「パワーバランスの変化の担い手は、中国、インド等の新興国であり」「米国は、国際社会における相対的影響力は変化」しており、「強力な指導力が失われつつある」との記述からもうかがえる。弱体化した米国を補い、安全保障面の役割を果たすというのだ。日米同盟の強化をうたっているものの、積極的平和主義を突き詰めていけばいくほど、米国から離れ、自主防衛に近づくのではないか、との疑問を抱かせる。

安倍首相は憲法改正を目指すことを明言しているが、岸元首相が目標としたのも憲法改正、そして自主防衛だった。二人の共通項は改憲だけでなく、自主防衛にまで広がろうとしているのだろうか。

「国家安全保障戦略」に書き込むことが相応しいのか、と疑わせる項目もある。海外への武器輸出を禁じた武器輸出三原則を見直し、「新たな安全保障環境に適合する明確な原則を定める」とし、ここでも平和主義に基づく国是を否定した。

さらに「我が国と郷土を愛する心を養う」と「愛国心」を盛り込んだ。その理由を「国家安全保障を身近な問題として捉え、その重要性や複雑性を深く認識することが不可欠」としている。安全保障政策が憲法で保障された個人の思想・信条の自由を上回るといわんばかりの書きぶりで、国民の心の領域にまで踏み込んだといえる。

「国防の基本方針」にも「愛国心」の項目があったものの、当時は岸氏の信条を盛り込んだに過ぎないと受けとめられた。現在の政治環境は違う。衆院、参院で過半数を占める与党の数の力、それに高い内閣支持率を背景に特定秘密保護法を強行採決したように何ごとも「力ずく」である。憲法解釈を変更してでも「国のかたち」を変えようとする安倍政権下での「愛国心」は、国家のために国民に命を投げ出すことを求めた戦前への回帰を目指すと考えるほかない。

中国への対抗意識をむき出しにした「防衛計画の大綱」、海兵隊機能の保有を明記した「中期防衛力整備計画」と重ねあわせると、中国、韓国などが日本の意図を図りかね、「軍国主義化している」と指摘するのもあながち的外れではない。

陸上自衛隊は海兵隊になるのか

国家安全保障戦略に合わせて、日本防衛の指針「防衛計画の大綱(大綱)」と五年間の装備品購入計画「中期防衛力整備計画(中期防)」が閣議決定された。

大綱は日本の高度成長期、防衛費は年々伸び続けたことより、「防衛力はどこまで拡大されるのか」との国民の不安を解消するため、具体的な整備目標を掲げる目的で一九七六年、初めて策定された。限定的小規模侵攻に独力で対処できる程度の防衛力を持つことを意味する「基盤的防衛力」構想が打ち出された。大規模侵攻には日米安保条約による米国の打撃力を期待し、日本は専守防衛に専念するという憲法との整合性が図られたのである。

「基盤的防衛力」の概念は冷戦後、二回改定された大綱にも残されていたが、民主党政権は基盤的防衛力を「静的抑止力」と定義して「有効性を失った」と断定、高い運用能力を見せつける「動的防衛力」構想へと転換させた。軍事力には軍事力で対抗すべきだという脅威対抗型の概念である。運用を通じて自衛隊の軍事力を明示するとしており、さじ加減を誤れば憲法で禁じた「武力による威嚇」につながりかねない危うさをはらんでいた。

中国と北朝鮮を意識する中で、とくに海軍力を強化する中国に対抗して「南西防衛」「島しょ防衛」として、南西諸島への機動展開能力の強化を打ち出した。与那国島に沿岸監視部隊を新設し、中国の潜水艦に対抗して潜水艦を十六隻から二十二隻に、那覇の戦闘機部隊を一個から二個に増強するとした。

新大綱は「動的防衛力」の考え方を踏襲する「統合機動防衛力」構想となり、やはり中国、北朝鮮を強く意識した内容となっている。

特徴は尖閣問題から紛争への発展を想定し、米国の海兵隊をモデルにした「水陸機動団」を新規編成することにある。長崎県佐世保市にある島しょ防衛の専門部隊「西部方面普通科連隊」(七百人)を二千人から三千人規模に拡大改組し、新型輸送機オスプレイや水陸両用車を買い揃える。

水陸機動団はどのように使われるのだろうか。陸上自衛隊幹部は「尖閣諸島をめぐる日中の対立から、自衛隊が常駐する沖縄本島、宮古島が占領されるおそれがある。これを奪回するのが水陸両用部隊の役割になる」という。中国による沖縄侵攻をにらんでいるというのだ。

しかし、小泉政権下で安全保障担当だった柳沢協二元内閣官房副長官補は「日本人が住んでいる島を侵略すれば、国連憲章違反になる。そんな事態があるとは思えない。仮に占領されたとすれば、日本政府が『抑止力』と説明する沖縄の米海兵隊は意味がないことになる」と矛盾点を指摘する。

西部方面普通科連隊が置かれた佐世保市の反応は複雑だ。防衛省は、米軍内で墜落事故が連続したオスプレイを中期防の五年間で十七機購入する。防衛省は配備先を「検討中」としているが、水陸機動団が置かれる佐世保に近い海上自衛隊大村航空基地など九州への配備が有力視される。永田秀人佐世保市議は「自分たちの頭上をオスプレイが飛ぶと思うと不安でならない。『国民よりも国家』という安倍政権の地金がみえ始めた。長崎への配備はとうてい認められない」と反対した。

五年間で五十二両も買い込む水陸両用車を輸送するのは海上自衛隊の輸送艦になる。だが、三隻しかなく、一隻に搭載できる水陸両用車は最大十六両まで。その際、輸送艦から戦車や車両を陸揚げするためのエアクッション揚陸艇を降ろさなくてはならない。輸送力が不足する分、艦艇を追加建造しなければならないが、大綱、中期防にそのような記述はなく、「水陸機動団の機動力不足」は誕生する前から運命づけられている。

本来、陸上自衛隊の島しょ防衛作戦は、情勢が緊迫した段階で地上部隊を機動展開させ、抑止力を高めて侵攻を未然に防ぐという専守防衛に徹したやり方だった。海兵隊のような強襲上陸作戦は力ずくで部隊を押し上げ、占拠または奪還する強襲にあたり、専守防衛の枠を超えて、侵攻にも活用できる。

海に囲まれた島しょへの上陸作戦は、部隊を運ぶ艦艇ごと攻撃される危険をはらむ。海上優勢、航空優勢を失った状態での上陸は自殺行為に等しいし、攻撃される危険がないなら、そもそも強襲上陸など不要である。何のための水陸機動団なのか。

一方、海上自衛隊の「南西防衛」といえば、中国海軍が東シナ海を聖域化するための第一列島線（九州、沖縄、台湾、フィリピンに至る海上ライン）と称する列島線のうち、日本近海の南西諸島から太平洋へ抜ける中国軍艦艇の動向を漏れなく掌握することにある。それにより、太平洋全体を自らの内海としてきた米国の権益を維持する狙いがある。

島しょそのものを守ろうとする陸上自衛隊に対し、米軍のために中国艦艇の動きを警戒する海上自衛隊。同一の大綱のもとで活動するとは思えない同床異夢ぶりではないか。

新大綱でもう一つ注目されるのは、敵基地攻撃能力の保有について「検討の上、必要な措置を講ずる」とあることだ。第５章で触れるが、北朝鮮の弾道ミサイル基地攻撃を念頭に、すでに航空自衛隊は対地攻撃のための航空機や爆弾を買い揃えている。攻撃するもしないも、時の政権の腹積もり次第という危うさである。

安倍政権は防衛出動の要件を緩和して、日本が武力侵攻を受けていなくても、自衛隊が武力行使できるよう憲法解釈を変更しようとしている。日本と北朝鮮との関係次第では、敵基地攻撃の命令が簡単に発動されるのではないだろうか。

武力行使のハードルを下げる狙いのためだろうか、新大綱には意味不明の「グレーゾーン」という言葉が七回、「シームレス（継ぎ目がないこと）」という言葉が五回登場する。ふたつ合わせて、略すとこんな言い方になる。「グレーゾーンの事態にシームレスな対応をする」。理解できる人がいるだろうか。文中に「平時でも有事でもない事態、いわばグレーゾーン」とあるが、法的には自衛隊に防衛出動が命じられる有事か、それ以外の平時かしかない。その中間のグレーとは、どんな事態だろう。

なし崩しの自衛隊出動を連想させる「シームレスな対応」もおかしい。平時から有事に移行するには首相が国会の承認を得て防衛出動を下命する必要がある。今後は状況次第で現場指揮官が判断するのだろうか。目的や命令に解釈の幅があってはならない軍事にもかかわらず、この書きぶり。なぜあいまいにしたのか意図が疑われ、危険が匂う大綱といわれても仕方ない。

第5章

集団的自衛権の危険性

新型のレーザー誘導爆弾を搭載できるF2戦闘機(航空自衛隊提供)

憲法違反を避け続けた歴史

集団的自衛権は外交・安全保障問題の最大のテーマであり続けた。

一九五〇年代は集団的自衛権の輪郭が少しずつ明らかになった時代であった。集団的自衛権は国家固有の権利か、サンフランシスコ講和条約によって初めて認められた権利かとの質問に、政府は「(国連憲章の)提案者は国家固有の権利としての集団的自衛権という観念をもってつくったと私どもは考える」(一九五一年二月二十七日参院外務委員会、西村熊雄外務省条約局長)と答えている。

しかし、同時に「日本は独立国なので集団的自衛権も、個別的自衛権も完全に持つ。しかし、憲法第九条により、日本は自発的にその自衛権を行使する最も有効な手段である軍備は一切持たないことにしている」(同年十一月七日参院平和条約及び日米安全保障条約特別委員会、西村熊雄外務省条約局長)とされ、わが国は集団的自衛権を持つが、憲法上、行使は不可能であるとの現在にも通じる政府見解が示された。

一九八〇年代は集団的自衛権の政府見解が定着した時代にあたる。米海軍が主催する環太平洋合同演習(リムパック)に海上自衛隊が参加したり、日本よりはるか一千海里(千八百五十二キロ)離れたシーレーン防衛が議論されたりと日本の領土領海を超えて自衛隊の任務、活動、役割が広がったためである。政府は明確に集団的自衛権の定義を示した。

「国際法上、国家は、集団的自衛権、すなわち、自国と密接な関係にある外国に対する武力攻撃を、自国が直接攻撃されていないにもかかわらず、実力をもって阻止する権利を有しているものとされている。我が国が、国際法上、このような集団的自衛権を有していることは、主権国家である以上、当然であるが、憲法第九条の下において許容されている自衛権の行使は、我が国を防衛するため必要最小限度の範囲にとどまるべきものであると解しており、集団的自衛権を行使することは、その範囲を超えるものであって、憲法上許されないと考えている」(一九八一年五月二十九日、稲葉誠一衆院議員への答弁書)

この答弁書以降、政府の集団的自衛権への見解は同じ言い回しに終始している。東西冷戦が終わり、一九九〇年代に入ると湾岸戦争後、海上自衛隊の掃海艇がペルシャ湾に派遣され、陸上自衛隊がカンボジアの国連平和維持活動(PKO)に派遣される。海外における自衛隊の実任務開始により、米軍を主力とする多国籍軍やPKO部隊との武力行使の一体化が議論の焦点になった。

どのような場面で米軍など他国の軍隊の武力行使と一体化するのか、政府は四項目の基準を示した。「①戦闘行動の地点と当該行動の場所との地理的関係、②当該行動の具体的内容、③各国軍隊の武力行使の任にあるものとの関係の密接性、④協力しようとする相手方の活動の現況等の諸般の事情を総合的に勘案して個々具体的に判断さるべきである」（一九九六年五月二十一日参院内閣委員会、大森政輔内閣法制局長官）

この政府見解によって、米軍への武器弾薬の提供であっても戦闘地域と一線を画する地域で行えば、米軍の武力行使とは一体化しないことになった。この基準を生み出したことで二〇〇〇年代に入り、日本は対米支援に踏み込んでいく。

二〇〇一年九月十一日の米同時多発テロを受けて米国は翌十月、アフガニスタン攻撃を開始した。小泉純一郎政権はこの戦争を支持し、テロ対策特別措置法を成立させ、戦闘行動を行う米艦艇に燃料を提供するため、海上自衛隊の補給艦をインド洋へ派遣する。

海上自衛隊から燃料を補給された米艦艇は巡航ミサイルを発射し、同じく燃料を受けた空母から攻撃機がアフガニスタンへ向けて発進していった。現代の戦争に、戦場そのものの「戦闘正面」と、補給したり休養したりする「後方地域」を区別することの意味はない。燃料、弾薬、食料の補給なしに戦争継続することは不可能だからである。海上自衛隊による洋上補給が後方での支援に位置づけられたとしても武力行使との一体化が疑われるが、明らかな憲法違反としないための知恵が「後方支援活動」なのである。これを世界の非常識と批判する人がいる。その批判は一面ではあたっている。

二〇〇七年十月十日、衆院予算委員会で高村正彦外相は「(海上自衛隊の補給は)アフガニスタン空爆を行う米艦艇にも行っていた」と、提供した燃料が戦争に使われたことを認めたが、野党が「武力行使との一体化だ」と批判することはなかった。

米国が次に踏み切ったイラク戦争では、イラク特措法により、クウェートに派遣された航空自衛隊のC130輸送機が武装した米兵を空輸した。運んだ先が、米軍が武装勢力と戦闘中だった首都バグダッドだったことから、名古屋高裁は二〇〇八年四月十七日、大森内閣法制局長官が示した四項目の基準(前ページ参照)に照らし、航空自衛隊の空輸活動は米軍の武力行使と一体化していて憲法違反との判決を出した。

政府は憲法違反と示した部分が傍論であることを理由に、判決を無視して空輸活動を継続したが、航空自衛隊は動揺した。田母神《たもがみ》俊雄航空幕僚長は同月十八日の記者会見で「(派遣を命じている)航空支援集団司令官に聞いたところ、大部分の隊員には影響がないとのことだった。そんなの関係ねえ、ということだ」と話し、隊員には動揺はないと強調した。お笑いタレントをまねて「そんなの関係ねえ」と風刺してみせたことから、かえって重く受けとめていることをうかがわせた。空輸活動は判決から八カ月後に終了した。

集団的自衛権行使が疑われるような自衛隊の海外活動は、イラクでの空輸活動を最後に行われていない。

だが、憲法解釈の見直しは、第一次安倍内閣（二〇〇六年九月二十六日〜〇七年九月二十六日）から続いている。二〇〇六年当時、米国はブッシュ大統領のもと、イラク、アフガニスタンで二つの戦争を遂行していた。仮に当時、日本が集団的自衛権行使の容認に踏み切っていれば、米国は自国の若者の命を日本の若者が代替することに「歓迎」の意を表していたことだろう。

当時のゲーツ米国防長官は退任する際、側近に「異国の地でアメリカの若者が命を落としていくことに耐えがたい思いだった」と述べている。日本の若者が米国の若者の代わりに命を失うようになれば、日米関係は強固な「血の同盟」に祭り上げられたかも知れない。

行使解禁求める「ジャパン・ハンドラー」

米国が長年にわたり、通奏低音のように集団的自衛権行使に踏み切るよう求めていたことは疑いがない。

実例がある。一九九三年北朝鮮が核開発のため核拡散防止条約(NPT)脱退を表明した際、米国は核開発施設のある寧辺《ニョンビョン》の空爆を計画した。第二次朝鮮戦争の勃発《ぼっぱつ》を想定して、日本政府に米軍による港湾、空港の使用、自衛隊による米軍への輸送、補給、医療など一千五十九項目の支援を求めた。日本政府は「集団的自衛権の行使は認められていない」とゼロ回答した。

これにより、日米関係がぎくしゃくすると日本政府は一九九九年五月、周辺事態法を制定して、「日本の領域、公海およびその上空」に限定して官民挙げて対米支援できる仕組みをつくった。現行憲法で可能な活動とはいえ、綱渡りに近く、米国が求めた集団的自衛権の行使に近い。

それでも不十分だとする「ジャパン・ハンドラー」と呼ばれる、日本を従わせることでメシを食っている人々のうち、アーミテージ元国務副長官は二〇〇〇年十月の「アーミテージ・レポート」の中で「日本が集団的自衛権行使を禁止していることが、米英関係のような正常な同盟関係の障害になっている」とし、二〇〇七年二月、二〇一二年八月の第二次、第三次レポートでも集団的自衛権行使を解禁するよう主張した。

二〇一二年五月、米議会調査局(CRS)の報告書は「日本の憲法は、より緊密な米日防衛協力の障害になっている。第九条の憲法解釈が集団的自衛への参加、すなわち第三国に対する米国との戦闘協力を禁じているためである」としている。

安倍首相の行使容認へ向かう動きは、長年の米国の要求に沿うばかりでなく、母方の祖父、岸信介首相がなし遂げられなかった憲法改正への第一歩につながるものでもある。憲法九条が空文化すれば、実態に憲法を合わせるべきだとの声は説得力を持つからである。集団的自衛権行使が解禁されれば、米国への集団的自衛権行使をもってイラク戦争に参戦した英国のように、自衛隊が海外の戦争に参戦するのは火を見るより明らかだろう。

自衛官の生命維持装置でもあった憲法九条がなし崩しとなり、自衛官が海外で戦死するようになれば、制服組の発言力が格段に高まるのは確実だろう。米国の要求を受け入れた政治家の判断によって自衛官が海外で戦死することに、本来任務である国防のための戦死ほどの意義を見いだすのは困難だからである。命と引き換えに国から授かる名誉は自衛隊という組織にも与えられ、「この戦死はおかしい」という組織内外からの異議申し立てを吹き飛ばす威力を持つに違いない。

自衛隊制服組の発言力は、海外派遣が始まった冷戦終了のころから高まりはじめ、自衛隊初の「戦地派遣」となったイラク派遣で防衛省の背広組である内局との力関係は完全に逆転した。イラクへ派遣されるのは背広組ではなく、制服組だったことが最大の理由だが、それだけではない。

一九九〇年代までPKO協力法など内局は自衛隊関連の法案をつくっていたが、二〇〇〇年代に入り、テロ特措法、イラク特措法と相次いで内閣府が策定した。優秀な官僚ほど内閣府に集められるようになったからである。内局は財務省を相手にして予算の獲得でも防衛費の下降を止められず、存在感は薄まった。

陸上自衛隊初の「戦地派遣」となったイラク派遣は、危険な活動が制服組の力を強めることを実証してみせた。戦火くすぶるイラクで死亡した場合、どのような扱いを受けるのか。防衛省にある陸上自衛隊の頭脳中枢・陸上幕僚監部では「戦場死」をめぐる議論があった。「イラクは戦場なのだから、戦死ではないのか」と主張し、靖国神社に祀るべきと話す幹部も出てきた。

自衛隊の行動は、防衛相の命令を受けて陸海空の各幕僚長が「般命」と呼ばれる命令文を出す。訓練はいずれも「乙般命」。防衛出動やPKOといった実任務が「甲般命」に当たる。

小泉純一郎首相が「危険」と認めるイラク派遣は、もちろん「甲般命」となった。しかし、死亡時の扱いは「戦死」や「戦場死」の想定がないため、訓練時の死亡と何ら変わりない。

金銭的には危険度を勘案して賞恤金《しょうじゅつきん》が六千万円から九千万円にアップし、これに首相が支払う特別褒奨金の一千万円を上乗せして合計一億円が支払われることになった。

このとき、陸上自衛隊の幹部は「カネの問題ではなく、名誉の問題だ。例えばイラクで死亡した米兵は、国家のために戦い、死亡した勇気をたたえられ、アーリントン国立墓地に埋葬される。国立墓苑がない日本では靖国神社に祀るのが一番近いが、政教分離の建前からそれも難しいのだろう。自衛隊に『死者の名誉』は与えられていない」と不満を述べた。

靖国神社を持ち出すなら、イラク派遣を「戦場への派遣」と位置づける必要が出てくる。靖国神社の名前が正式に出た途端に「憲法違反」や「軍国主義」といった批判が噴出するのは確実だった。前出の幹部は「批判は覚悟している。しかし、イラク派遣は命懸け。みんな遺書を書くと言っている。いい加減な気持ちで、送り出すわけにはいかない」と主張したが、憲法上の制約から自衛隊を戦場に派遣することは許されない以上、小泉首相は「非戦闘地域」

イラクへ派遣された陸上自衛隊(2004 年 2 月)

への派遣というばかり。国会で「隊員の死」の扱いを検討されることは最後までなかった。隊員が銃弾に当たり、亡くなる事態をどう受けとめればよいのか。当時の先崎一《まつさきはじめ》陸上幕僚長は、私の取材に次のように答えた。

「イラクで隊員が死亡したらどうするか、陸上幕僚監部でひそかに検討した。隊員の遺体を首相か、最低でも官房長官に引き取りに現地へ出向いてもらい、防衛省で国葬に準じる葬儀を行う。記帳所を設け、国民に哀悼の誠を捧げてもらうようにする」

「隊員の死」は「国葬」に匹敵するというのだ。先崎氏は「方針が決まると、浮足だっていた陸上幕僚監部が落ち着いてきた。覚悟を決めたからだ。イラクで死んだ場合、名誉が与えられることになるのだから」

制服組が「隊員の死」をめぐり独走したのは、危険な任務を命じながら、任務に相応しい名誉を与えようとしない政治への不満があったからである。その不満の裏返しが、制服組が勝手に決めた「国葬」だった。

集団的自衛権の行使の解禁により、死がより身近に迫ることになれば、制服組が発言力を増す。戦前のように軍人が大手を振って闊歩《かっぽ》する国に戻るかも知れない。それが安倍首相の望む「美しい国」なのだろうか。シビリアンコントロールの名のもとに、制服組に死も覚悟しなければならない任務を強要すればするほど、相対的に政治家の制服組への影響力は弱まらざるを得ない。

二〇〇九年三月に就任した火箱《ひばこ》芳文陸上幕僚長は、陸幕長として初めて米国の米陸軍病院を視察した。ベッドで上半身を起こし、待ち構えていた兵士がイラク戦争で負傷し、手足を失っているのを見ると、火箱氏は歩み寄って抱きしめた。この訪米時、退役軍人省も訪問している。病院や退役軍人省への訪問は日本の制服組トップとしては初めてだった。どのような意図があったのか。火箱氏はこういう。

「陸上自衛隊はイラク派遣を経験し、無事に帰国した（正確には公表ベースで帰国時の自動車事故で二人が負傷した）。今後、どのような海外派遣があるか分からない。戦争を続けている米軍の実態を自分の目でみる必要があると感じた」

退役軍人省では日系人で初めて陸軍参謀総長になったエリック・シンセキ長官と懇談した。退役軍人省は、二千五百万人にも及ぶ退役軍人に各種給付および医療・リハビリ業務を提供し、アーリントン国立墓地をのぞく退役軍人の国立墓地を管理している。職員数は二十四万人、年間予算について、二〇〇九会計年度予算で「日本円に換算して九兆円」と説明を受けた火箱氏は「そんな金額になるのか」と驚いたという。

日本の防衛費は年間四兆七千億円(当時)であり、退役軍人省予算のおよそ半分でしかない。日本には退役軍人省に相当する役所は存在しない。戦死者や戦傷者がいないので、不要だからである。退官後は他の国家公務員と同様に国家公務員共済組合から年金が支払われる。第二次世界大戦後も戦争を続ける米国と、戦争を放棄した日本との違いは国のシステムの面でも大きく違っている。

米政府は「歓迎」を表明した

二〇一三年十月三日、ケリー米国務長官とヘーゲル米国防長官は岸田文雄外務相、小野寺五典防衛相との日米安全保障協議委員会(2+2)を開いた。日本側が集団的自衛権の行使など憲法解釈を変えて実現させようとする取り組みを伝えると、米側は「歓迎した」(外務省発表)とされる。

米国には米国、日本、韓国の同盟三カ国で東アジアの安全保障体制を構築しようとの狙いがある。米国防総省は同年五月、初めて北朝鮮の軍事力に関する報告書を公表した。「北朝鮮は北東アジアにおいて、米国のもっとも重大な安全保障上の挑戦である。韓国への攻撃や核兵器・弾道ミサイルの開発、国際合意や国連安保理決議に反する武器の拡散など挑発的で不安定なふるまいによって、安全保障上の脅威になっている」とし、北朝鮮を「脅威」と位置づけた。

日米韓の連携に水を差しているのが、悪化する一方の日韓関係である。米政府と韓国政府との協議では、韓国政府には安倍首相の従軍慰安婦への日本軍の関与の否定や同年十二月二十六日の靖国参拝への反発があり、日本による集団的自衛権の行使は少なくとも朝鮮半島では認めないとの考えを伝えている（一月二十八日『朝日新聞』朝刊）。

解禁しても使えない権利など何の意味もなく、安倍政権が解釈改憲に踏み切る大義が失われかねない。集団的自衛権行使の検討は、もともと朝鮮半島有事を想定したものだったからである。

安倍首相は二月十日の衆院予算委員会で「北朝鮮が米国を攻撃した際、北朝鮮に武器弾薬が運ばれているのに阻止しなくていいのか」と答弁した。初めて具体的に「北朝鮮」の名前を挙げた。冷戦時代、ソ連が仮想敵国であり、潜在的脅威だったことは公然の秘密だった。しかし、首相が具体的な国名を挙げ、国民の不安をあおるようなことはなかった。

安倍首相はその際、「国の固有名詞を挙げない方がいいが、多少分かりやすく話をするために北朝鮮という例を挙げた」と述べた。集団的自衛権行使を解禁しようとする最大の理由が「北朝鮮対処」にあるからこそ、本音が出たのではないだろうか。

かつて日本政府は「第二次朝鮮戦争」に備える必要性から、集団的自衛権の行使と向き合った過去がある。だが、それは「守り」から入り、米国の要請を受けて、その後、「攻め」へと踏み込んでいった。経緯を振り返ろう。

原点は北朝鮮のNPT脱退

日本政府が「第二次朝鮮戦争」への備えを検討したのは、一九九三年から翌九四年にかけてのことだった。九三年三月、北朝鮮が核拡散防止条約(NPT)からの脱退を表明、米国と北朝鮮との関係が一気に緊張した。当時、寧辺近郊で未申告の核関連施設が発見され、査察を拒否した北朝鮮に米国が経済制裁をちらつかせながら交渉した。核開発を凍結する見返りに、軽水炉建設を支援するなど米朝枠組みが翌九四年十月に合意され、一応の危機は去ったのである。

この間、米国は事態の軟着陸を目指す一方で、北朝鮮を攻撃する計画を立てた。その事実はペリー国防長官(当時)が二〇〇七年一月十八日の米下院外交委員会で証言し、明らかになっている。F117ステルス戦闘機や巡航ミサイルを使って、寧辺の核関連施設を爆撃する計画だった。ペリー氏は当時の状況について、ＣＮＮのインタビューに「数日以内に、韓国に展開した兵力を大幅に増強するところまで行っていた」と語っている。

朝鮮半島で戦争が起きれば、日本にも波及する。一九九四年春、石原信雄官房副長官はひそかに内閣安全保障室、外務省、防衛庁、警察庁に検討を指示した。防衛庁では陸上、海上、航空の三自衛隊を束ねる制服組のトップ、統合幕僚会議（現統合幕僚監部＝統幕）がひそかに一冊の計画書をまとめ上げた。「指定前秘密」の印が押され、いわゆる極秘文書として防衛庁の金庫に保管された。

文書の名称は「Ｋ半島事態対処計画」。横長Ａ４判の文書には流出を防止するため赤いインクによる通し番号がすべてのページに押されている。実は、この文書は軍事情勢や法改正に伴って更新され、現在も統合幕僚監部に保管されている。

統幕の佐官は「北朝鮮はロシアや中国から突き放され、本格的な軍事援助を受けられないでいる。戦力は当時と変わりなく、計画は今でも有効だ」と断言する。米国が再び、北朝鮮を攻撃する機会をうかがう情勢になれば、文書は金庫から取り出され、日の目を見ることになるというのだ。

ずしりと重い「Ｋ半島事態対処計画」は、軍事的な専門用語を駆使して、箇条書きや表を多用して書かれている。自衛隊独特の文体で、軍事知識がない人が読んだら退屈どころか、おそらく理解不能だろう。

特殊表記の一例を挙げると、文書のタイトルになっているK半島というのは朝鮮半島を指す。ひんぱんに登場する「ABC」とは自国を含む同盟国側で、「A」は日本、「B」は米国、「C」は韓国のことだ。そして「XYZ」とは敵対国あるいは危険な相手とみなしている国々であり、「X」とは中国、「Y」は北朝鮮、「Z」はロシアを指している。

これは自衛隊の創設以来、内部で呼び続けている暗号でもある。防衛計画に暗号を使っていれば、万一、外部に漏れても、特定国を想定した戦争マニュアルではないと申し開きできる。「仮想敵国は存在しない」と言い続けてきた長年の知恵なのだろう。

「K半島事態対処計画」について、前出の幹部はこういう。

「北朝鮮との間でどんな戦い方ができるのか検討した能力見積もりの側面がある。軍事的合理性に基づく自衛隊の活動を追求していくと、憲法による規制があったり、適用すべき法律そのものがないことが判明した」

その検討内容は、後の政策に反映されていった。北朝鮮危機から今日までの間、自衛隊の行動を円滑にする方策が次々に打ち出されたことを思い返してほしい。一九九七年には日米の軍事協力を強化する「日米防衛協力のための指針（新ガイドライン）」が合意され、一九九九年には朝鮮半島有事を想定した周辺事態法が成立して有事の米軍支援が可能になった。安倍政権下で進む集団的自衛権の行使容認の策動は、周辺事態法で禁じられた米軍の武力行使との一体化を可能にする。その意味では「K半島事態対処計画」の完全なる実施を保証することになる。

自衛隊幹部は「自衛隊の行動にはさまざまな制約が残っている。いざという時は国会で何とかしてもらわないと……計画実行は不可避なのだから」と強調する。

もう一度いおう。文書は現役の自衛官たちによって作成された「第二次朝鮮戦争のシュミレーション」なのだ。そして自衛隊は、戦争が波及してくれば、この研究に従って行動する以外に日本が生き延びる道はないと考えている。

極秘の「K半島事態対処計画」

私たちの運命を握る極秘文書をのぞいてみる。分厚い文書の目次には、「研究の目的」「研究の前提」に続いて十二項目の研究内容が並ぶ。

①K（朝鮮）半島に関する情報活動の強化、②沿岸、重要防護対象の警備、③K半島情勢に

伴う警戒態勢の強化、④黄海から日本海海域における経済制裁、⑤在C（韓国）邦人のエバキユエーション（救出）、⑥難民対策、⑦西日本地域におけるTBM（戦域弾道ミサイル）対処、⑧多国籍軍兵士の救難、⑨共同訓練、⑩在A（日本）のB（米国）軍に対する後方等の支援、⑪軍事亡命対策、⑫SLOC（シーレーン＝海上交通路）の防護。

いずれの項目も起こりうる事態を想定し、数量化して具体的に見積もり、これに対処する自衛隊の能力を突き合わせて、結論を出している。全編を貫く縦軸として、北朝鮮のNPT脱退から自衛隊の防衛出動に至るまでの時間の流れを五つの警戒態勢に分類し、時系列に沿った検討がなされている。

自衛隊は、北朝鮮による日本侵攻のシナリオをどう見積もっているのだろうか。対日攻撃シナリオは「Y（北朝鮮）の作戦能力」の項目に詳述され、それは意外な言葉から始まっている。

「潜水艦、小型艦艇、漁船等によるゲリラ・コマンドウ（正規軍の特殊部隊）攻撃能力は有するが、C（韓国）と対峙する状況から対A（日本）作戦に陸上兵力を抽出することは困難。航空機・艦艇の援護能力や経空・経海能力から対A着上陸作戦能力はないものとみられる」

解説すると、北朝鮮による日本攻撃は、韓国との戦争または朝鮮半島の情勢が緊迫した時点で起きるとの前提に立ち、北朝鮮は韓国との戦闘に相当な陸上兵力を割かれるとしている。そうした状況は別にした場合でも航空、海上戦力が脆弱《ぜいじゃく》なので北朝鮮に日本を本格侵攻する軍事力は存在しないというのである。

金正恩《キムジョンウン》第一書記は、故金正日《キムジョンイル》総書記の掲げた、軍隊を重視して強化することを優先する「先軍政治」を継承している。事実、総兵力百十万人という世界有数の軍事国家である。そんな北朝鮮の軍事力が本当に弱いのか、あらためて検証しなければならないだろう。

朝鮮半島の兵力を比較してみると、韓国には韓国軍の総兵力は六十八万人、これに在韓米軍の三万六千人が加わり、韓国側の総兵力は合計七十一万六千人ということになる。数の上では北朝鮮が圧倒しているが、その質はどうなのか。

北朝鮮情勢に詳しい防衛省幹部はこういう。「航空機や戦車の大半は旧式で、今や陳腐化しています。燃料や部品の不足から動かない武器も数多くある」

そればかりではない。九十五万人いる陸上兵力の三分の二は韓国との国境にある軍事境界線にまるで張りつくように配備されている。韓国との緊張が高まれば高まるほど、軍事境界線から動けないというジレンマを抱えている。

海軍には約六百九十隻もの艦艇があるが、ロメオ級潜水艦二十二隻を除けば旧式の艦艇ばかりで見るべきものはない。先制攻撃の切り札となる空軍は、作戦機五百九十機を保有するものの、これも大半は第一世代といわれる旧ソ連製の旧型機である。ミグ29、スホイ25といった第四世代機も保有しているが、いずれも少数だ。

装備の新旧にかかわらず、深刻なのは燃料が不足し、訓練がままならない点にある。一九九六年五月、北朝鮮空軍の李哲数《リチョルス》大尉がミグ19戦闘機を操縦して韓国に亡命した。李大尉は操縦士歴十年のベテランだったが、総飛行時間は三百五十時間でしかなかった。一年に換算すれば、わずか三十五時間という飛行時間は、航空自衛隊の第一線に立つ戦闘機操縦士が技量を維持するのに必要としている年間百五十時間の四分の一以下に過ぎない。

航空自衛隊のベテラン操縦士は「空中戦の訓練ができる飛行時間ではない。離陸したり、着陸したりするだけで精いっぱいだろう」という。すると戦闘機は張り子のトラということになる。

使えない、動かない、というないない尽くしの中で、注目すべきは、十万人という世界に例を見ない大規模な特殊部隊の存在である。非合法の情報収集や破壊工作に携わる専門部隊で、潜入に使う小型潜水艇やエアクッション揚陸艇、レーダーに映らない木製のアントノフ2輸送機を百機以上、保有している。

別の航空自衛隊の操縦士は「アントノフが特殊部隊を乗せて一斉に日本を目指したら、頼りになるのは自分の目だけ。何機かは撃ち漏らし、特殊部隊の潜入を許すことになるかも知れない」と〝ローテク兵器〟の脅威を話す。

ノドンやテポドンといった弾道ミサイルも見逃せない。九州北部と中国地方を射程に収めるスカッドＣは配備済み。ノドンは射程千三百キロで日本全域を射程に収める。九八年に日本列島を飛び越え、大騒ぎになったテポドン一号は射程二千キロとさらに長い。

自衛隊が見積もる北朝鮮との戦闘

こんな北朝鮮が日本攻撃に踏み切るとしたら、どのような戦闘様相となるのか。

「Ｙの作戦能力」は、陸上戦力として「一個軽歩兵旅団を指向できる」と書いている。軽歩兵旅団は、約一万人からなる歩兵部隊で、小銃のほか、機関銃や迫撃砲などで武装しているとみられる。輸送機から落下傘で降下するのか、海から上陸するのか潜入の手口までは特定していないが、想定される行動として文書は「主要港湾施設や水中固定機器の破壊活動」を挙げている。

水中固定機器とは海上自衛隊が日本列島の沿岸や対馬、津軽など主要海峡の海底に設置している音響監視システム（SOSUS《ソーサス》）のことである。海上自衛隊は、警備所と呼ばれる海に近い施設でSOSUSが拾った船舶ごとに異なる〝音紋〟と呼ばれるスクリュー音を分析し、どの船舶やどの潜水艦が、いつどこを通過したのか航行状況をひそかに記録している。

海からの不法侵入を見張る防犯装置ともいえる機器が破壊されたらどうなるのか。工作船に乗った特殊部隊の上陸が格段に容易になるし、潜水艦の行方もつかめなくなる。特殊部隊が港湾施設を次々に破壊して船舶の入港を妨害したり、潜水艦が魚雷で輸送船を次々に撃沈したりする事態になれば、食料や原油の輸入がストップし、国内がパニック状態に陥るのは必至だろう。

十五万人の陸上自衛隊に対し、一万人という少ない兵員でも効果的に戦う方法を北朝鮮軍は承知している、というのが自衛隊の分析といえる。

海上兵力について、「Yの作戦能力」は「艦艇は主として防御的性格を有し、その行動は、K半島周辺に限定されているとみられ、外洋作戦能力はまだ低い」としながらも、「潜水艦約十隻のほか、少数の小型艦艇を指向できる」としている。

予想される作戦行動としては「港湾外域における機雷敷設、潜水艦などによる船舶攻撃」を挙げる。

さらに航空兵力をみると「爆撃機および戦闘機の一部が西Ａ（日本）の一部目標に対し、限定された攻撃能力を有する」と分析。具体的には「軽爆撃機約六十五機、戦闘機約百二十五機を指向できる」とし、そうした航空機の任務は、やはり「重要船舶・施設などに対する攻撃、航空機による機雷敷設」としている。

これらを総合すると、北朝鮮の陸、海、空軍は一致協力して、徹底的に民間船舶の航行を妨害し、日本を兵糧攻めにして孤立させる戦術を取ることになる。防衛省関係者は「そんな事態になれば、国内は混乱し、北朝鮮で戦う米軍の支援どころではなくなる。厭戦気分が高まって『米軍がいるから日本が攻撃される』と日米安保条約の破棄を主張する声さえ出かねない」と懸念を示す。

朝鮮半島で戦端が開かれ、日本攻撃に多くの兵力を回せない北朝鮮軍はテロやゲリラといった非対称戦を挑むのである。具体的には、どの地域のどのような施設が狙われるのだろうか。

「Ｋ半島事態対処計画」はゲリラ攻撃の発生が予想される施設として、日本海に面した九州、中国地方の施設を列挙している。注目されるのは、自衛隊や米軍施設が目立つことだ。北朝鮮からみれば、「敵の出撃基地」だから当然といえば当然だが、自衛隊はほぼすべての軍事施設が「狙われる」とみている。

例えば、陸上自衛隊は日本海の最前線でもある対馬の警備隊をはじめ、福岡、大村、山口、出雲など駐屯地十五カ所、海上自衛隊は佐世保、呉、岩国などの基地十四カ所、航空自衛隊はレーダーサイト九カ所、航空基地や対空ミサイルのナイキ(現パトリオット)基地など九カ所を防護対象として挙げ、米軍については沖縄の基地全部と本土の佐世保基地、岩国基地、秋月弾薬庫(広島県)を守る必要があるとしている。

もちろん民間施設も攻撃目標になる。文書が列記しているのは、九州、中国地方の政治中枢であるすべての県庁と県警本部。ほかに交通施設として関門トンネルや新幹線のトンネル、九州・中国自動車道路、福岡空港などすべての民間空港や北九州港など港湾施設も防護が必要とし、生活関連施設として電気、ガス、石油、電話に関連した発電所、ガス補給所、石油備蓄基地などを挙げている。

政治中枢が破壊され、交通網が分断されて電気もガスも止まる。徹底的に生活が脅かされる中で、弾道ミサイルが落下してくるのだ。湾岸戦争でイラクが発射したスカッドミサイルの被害から逃れるため、イスラエル国民は防毒マスクを被り、避難した。恐怖に震える国民を守るため、自衛隊は弾道ミサイルへの対抗措置も考えているに違いない。

ところが、「K半島事態対処計画」に出てくる「西日本地域におけるTBM（戦域弾道ミサイル）対処」の項目では、冒頭で「自衛隊独自で対処することは困難である」とあっさり白旗を上げている。

射程六百キロのスカッドCは北朝鮮南部から発射すれば、七分後には福岡を直撃する。「西日本地域に……」に記述された「探知・撃破能力」によると、ミサイルの噴射熱を探知する米国の早期警戒衛星や、海上自衛隊のイージス護衛艦は発射を探知することはできるものの、肝心の撃破はできないというのだ。

当時、活用できるのは航空機迎撃に使うパトリオットミサイル（PAC2）のみで、弾道ミサイルの迎撃を想定した武器ではなかった。九州、中国地方の防御に活用できる高射隊を十八個と算定。一個高射隊は五基二十発の発射装置で編成され、弾道ミサイル一発につき、二発のパトリオットを発射する運用になっているから合計百八十発の弾道ミサイルにしか対処できないことになる。

二〇〇三年十二月、政府はミサイル防衛システムを米国から導入することを閣議決定した。弾道ミサイルを迎撃する地対空ミサイル「PAC3」を導入したが、発射機は全国で三十二基あるに過ぎない。一方、この間、北朝鮮は日本全国を射程に収めるノドンを本格配備した。

どこを目標にするのか、選択権は北朝鮮にある。まずイージス護衛艦から発射する艦対空ミサイル「SM3」で迎撃するとはいえ、撃ち漏らしたらPAC3で迎撃するほかない。

航空自衛隊幹部は「全国を守るにはPAC3が一千基以上必要になる。それには防衛費がいくらあっても追いつかない」と正直に告白する。日本の防衛システムは実は一〇〇%迎撃など望むべくもない「破れ傘」でしかないのである。

わずかな救いはスカッドCやノドンの弾頭に搭載できる爆薬が五百〜七百キロと比較的、小さいこと。落下した場合の被害について、自衛隊幹部は「住宅地に落下したら、破壊されるのはテニスコート一面分程度。ビルなら半壊でしょうか？　通常弾頭なら被害はそれほど大きくない」という。しかし、日本には使用済み核燃料棒を保管する原発や関連施設が五十五カ所もある。通常弾頭でも命中すれば未曽有の量の放射線に汚染され、日本列島は廃墟と化すだろう。

押し寄せる難民

国内を大混乱に巻き込む要素はテロ・ゲリラと弾道ミサイルだけではない。「K半島事態対処計画」は「難民対策」の項目で、約二十七万人の難民が日本に流入すると見込んでいる。

事態収拾までにはその十倍に当たる二百七十万人が流入し、日本が「難民列島」となると予想する。

研究内容によると、第二次朝鮮戦争の勃発直後に発生する北朝鮮難民は二十三万七千人に上る。このうち、韓国には七万人、日本と中国には五万人ずつ、ロシアには二万人が流入し、北朝鮮国内には難民となった五万人がとどまる。韓国で発生する難民はさらに多い四十四万九千人で、このうち二十二万人が日本に押し寄せると見込んでいる。

難民は船で日本を目指し、九州北部や山陰地方沿岸部に上陸する。最初、警察と海上保安庁が対処するものの、警察が対処できるのは難民約三万五千人までで、これを超える大量の難民に対しては自衛隊による支援が必要になる。九州の防衛を担当する陸上自衛隊西部方面隊（熊本市）で管理可能な難民は約一万人だけと見込まれるため、他方面隊の増援が必要になると結論づけている。

陸上自衛隊では、各駐屯地に隣接した訓練場に難民収容所を開設、保有するテント、毛布、給食車、簡易トイレなどを用意して、自衛官一人につき、難民十人を管理する。海上、航空自衛隊は護衛艦や航空機で情報収集や警戒監視に当たる。西部方面隊は約八割が難民対策に忙殺され、戦力は格段に落ちる。

手薄になった防衛態勢を背後から突くのが難民に紛れ込んで上陸する武装難民だ。いったんは難民施設に収容したとしても、武器や爆発物を使った暴動を起こし、特殊部隊の別動隊として自衛隊を後方から撹乱《かくらん》。防衛出動が下令される前の段階でも大混乱となった場合は「治安出動も考慮する」としている。

だが、自衛隊の難民対策には明確な法的根拠がなく、武装難民に対する武器使用基準も存在しない。防衛省関係者は「新たな対処要領がなければ、自衛隊は効果的に活動できない」と話している。

こうしてみてくると絶望的な気分になってくるが、自衛隊はどうやって北朝鮮から国民を守るのだろうか。「K半島事態対処計画」の「沿岸、重要防護対象の警備」という項目には、情勢緊迫時における部隊の運用計画や警察、海上保安庁との連携要領が書かれている。「早期にゲリラ・コマンドウの兆候や活動を察知し、迅速に対処して撃破撃退するとともに敵の着上陸侵攻に対しては沿岸地域で阻止する」とあるだけで具体的な記述は多くない。

だが、法制上・運用上の問題点に触れたくだりは注目に値する。「国としてまたは庁(防衛庁)として防衛準備の開始の決断が必要」と、政治が自衛隊を活用するとの決断が不可欠であることを強調。自衛隊の活動にはさまざまな障害があることを指摘している。

「K半島事態対処計画」は情勢緊迫時の自衛隊出動について、①沿岸への自衛隊配備による国民への衝撃が大きい、②警察、海上保安庁、消防と一体となって対処する際の指揮関係が不明確、指揮組織の構成が必要、③敵性分子の権限のない拘束、逮捕、あるいは武器使用が難しい、④沿岸監視のための土地の借り上げは実効性に疑問、⑤政治・経済・軍事の大動脈である関門トンネル対処が制限されている、⑥B(米)軍の警備についての規定・権限のないことにより、対処は当初、警察主体とならざるを得ない――を問題点として列挙した。

検討から二十年以上経過した現在、解決したのは、自衛隊法改正によって可能になった⑥の米軍基地警備だけで、あとはすべて宿題となって残されている。朝鮮半島で戦争が起きれば、日本は間違いなく巻き込まれ、国内が大混乱することを「K半島事態対処計画」は示している。

朝鮮半島危機から今日までに、北朝鮮は三回の核実験を実施し、長距離弾道ミサイルの発射試験にも成功した。このタイミングで安倍首相は集団的自衛権の行使容認に踏み切ろうとしている。仮に米国が北朝鮮攻撃を行うとすれば背中を押すことになる。米国からミサイル防衛システムを導入したことも北朝鮮からのミサイル攻撃を食いとめられるとの口実になるので米国にとって好都合に違いない。

自衛隊は北朝鮮攻撃を検討した

では、日本は北朝鮮攻撃を一度たりとも考えたことがないのだろうか。敵の出撃、発進拠点を目指し、これを攻撃するのは「敵基地攻撃」と呼ばれ、国会で何度も議論されてきた。専守防衛でも可能な攻撃の形態で、以下のような国会答弁がある。

「わが国に対して急迫不正の侵害が行われ、その侵害の手段としてわが国土に対し、誘導弾等による攻撃が行われた場合、座して自滅を待つべしというのが憲法の趣旨とするところだというふうには、どうしても考えられないと思うのです。そういう場合には、そのような攻撃を防ぐのに万やむを得ない必要最小限度の措置をとること、たとえば、誘導弾等による攻撃を防御するのに、他に手段がないと認められる限り、誘導弾等の基地をたたくことは、法理的には自衛の範囲に含まれ、可能であるというべきものと思います」(一九五六年二月二十九日衆議院内閣委員会、鳩山一郎首相答弁船田中防衛庁長官代読)

発射が差し迫った弾道弾(ミサイル)基地を攻撃する能力を持つのは自衛の範囲で可能との趣旨である。一九九〇年代以降、北朝鮮による弾道ミサイルの発射が繰り返されるたび、国会で敵基地攻撃能力の保有が議論になった。自衛隊は弾道ミサイルを撃ち落とすミサイル防衛システムを備えているが、一〇〇％の迎撃は望めない。迎撃の網から外れた地域は丸裸も同然である。「座して自滅を待つ」よりは打って出ようというのだ。

だが、敵基地攻撃能力の保有には、いくつもの問題点がある。そのひとつは専守防衛のもと、防衛力整備、すなわち武器購入を続けてきた自衛隊は攻撃的な武器体系になっていない点にある。他国の基地を攻撃するのは、もっぱら米軍の打撃力を期待することになっている。

それでも防衛省は一度だけ、本格的に北朝鮮のミサイル基地攻撃を検討したことがある。一九九三年、北朝鮮東岸からノドン一発が発射され、日本海に落下したときのことだ。日本列島全域を射程圏に収めることから危機感を持った運用担当の背広組、制服組が集められ、極秘に攻撃の可否を検討した（「北朝鮮基地攻撃を研究　九三年のノドン発射後　防衛庁　能力的に困難と結論」二〇〇三年五月八日『東京新聞』『中日新聞』朝刊）。

その結果、Ｆ１支援戦闘機とＦ４ＥＪ改戦闘機に五百ポンド爆弾か、地上攻撃用に改造した空対艦ミサイル（ＡＳＭ）を搭載することで限定的な攻撃が可能との意見が示された。だが、①地対空ミサイルを攪乱する電子戦機がない、②Ｆ１支援戦闘機は航続距離が短く、攻撃後、操縦士が日本海で緊急脱出するしかない、③Ｆ４ＥＪ改戦闘機にしても航続距離を考えると石川県の小松基地しか使えない——などの結果、戦闘機と操縦士を失う可能性が極めて高いことが分かった。

米国を参戦させるには、犠牲を払ってでも攻撃に踏み切る覚悟がいるとの意見もあったが、検討会では「北朝鮮の基地を攻撃するのは困難」と結論づけ、極秘の検討会は解散した。以後、具体的な敵基地攻撃の検討は行われていない。

だが、あきらめたわけではない。その後、航空自衛隊は敵戦闘機を監視する早期警戒管制機（AWACS《エーワックス》）や自衛隊の戦闘機が長距離を飛行するための空中給油機を保有した。精密爆撃はGPSやレーザー光線で正確に目標に命中する精密誘導爆弾（JDAM）の配備も始めている。相手国の防空レーダーを無力化する電子妨害装置の開発も進み、F15戦闘機に搭載する計画が進む。専守防衛の看板を掲げながら、攻撃的な兵器体系を持ちつつあることは間違いない。

敵基地攻撃に必要な能力とは何だろうか。二〇〇三年三月二十六日の参院外交防衛委員会で守屋武昌防衛庁防衛局長は、①敵の防空レーダー破壊能力、②航空機の低空進入能力、③空対地誘導弾または巡航ミサイル、④敵基地に関する正確な情報収集能力の四つを必要とする、と答弁している。

自衛隊が保有していない巡航ミサイルとは、精密誘導ミサイルのことで、艦艇や航空機から発射され、目標に正確に命中する。地形を読み取りながら飛ぶため、偵察衛星からの地形情報を通信衛星などを通じて入手する必要がある。日本は偵察衛星と同じ役割の情報収集衛星を四基保有しているが、巡航ミサイルを誘導できるほどの精度は持っていない。自衛隊が巡航ミサイルを保有するには高い壁がある。

そもそも北朝鮮の大半の軍事施設が地下化しており、ミサイル基地も例外ではない。日本を射程に収めるノドン、西日本の一部まで届くスカッドCとも、車載された移動式で発射のために引っ張りだされるまでは、どこに隠されているのか知りようがない。④の「正確な情報収集能力」は不可能ということになる。巡航ミサイル、偵察衛星を保有するため、巨額の防衛費を投じても、効果をあげる保証はどこにもない。

日本が巡航ミサイルを保有すれば、専守防衛から先制攻撃へと防衛政策の軸足を移したとみなされ、中国、韓国など周辺国は日本への対抗措置を迫られることになる。日本を起点とする「軍拡のドミノ倒し」である。米国も日本が地域の緊張を高める事態を歓迎するだろうか。

米国の要請に応える周辺事態法

一九九三年の北朝鮮による核拡散防止条約(NPT)脱退の表明に対し、米国が計画した寧辺の核開発施設への空爆。日本は「集団的自衛権の行使は禁止されている」として米側から求められた一千五十九項目の対米支援を断った。これにより日米関係は悪化、双方の官僚が主導して一九九六年に日米安保共同宣言をまとめ、翌年の新ガイドラインにこぎつけた。

その総仕上げが一九九九年五月の周辺事態法の制定である。日本周辺で戦争が起こり、「そのまま放置すれば我が国に対する直接の武力攻撃に至るおそれのある事態」を周辺事態と称し、対米支援を可能にした。「守り」に徹した自衛隊による「K半島事態対処計画」と異なり、「攻め」への意識が表面化したといえる。

朝鮮半島で戦争する米軍を、どうすれば憲法の枠内で支援できるのか。「憲法の番人」と呼ばれる内閣法制局が生み出した概念が「非戦闘地域」である。自衛隊による米軍支援を地域で区切ることにより、合憲とする考え方だった。

周辺事態法は自衛隊の活動する地域を「後方支援地域」と名付け、その後方支援地域について、「我が国領域並びに現に戦闘行為が行われておらず、かつ、そこで実施される活動の期間を通じて戦闘行為が行われることがないと認められる我が国周辺の公海(海洋法に関する国際連合条約に規定する排他的経済水域を含む。以下同じ。）及びその上空の範囲をいう」（周辺事態法第三条三項）と規定した。

米国を支援できるのは後方支援地域、つまり「日本の領域と日本周辺の非戦闘地域」とされ、自衛隊は非戦闘地域で米軍への補給、輸送、修理及び整備、医療などが実施できるようになった。地方自治体や民間も「港湾・空港の使用」「公立・民間病院への患者の受け入れ」などで協力を求められることになっている。

周辺事態法の規定をみると、戦争遂行に必要な支援項目が並んでいる。禁止されている活動として、武器・弾薬の提供、戦闘作戦行動のために発進準備中の航空機に対する給油及び整備を明記しているのは、「武力行使との一体化」を慎重に避けたからである。

しかし、国際常識に照らせば、戦争中の米軍への補給、輸送は地域に関係なく武力行使との一体化そのものといえる。米国と戦争をする相手国が日本を攻撃する必要かつ十分な理由になり得るだろう。

自衛隊は北朝鮮対処の演習

自衛隊は周辺事態法の成立を受けて、演習を開始した。

それまでロシア(旧ソ連)を仮想敵とし、艦船や航空機による洋上決戦の訓練を繰り返してきた海上自衛隊は一九九九年九月、初めて「周辺事態」に備えた大規模な図上演習(CPX)に踏み切った。図上演習は、部隊を動かすことなく、上級幹部の判断力を養い、指揮の訓練に役立つため、各国の軍隊でとり入れられている。

東京・目黒の海上自衛隊幹部学校に海上幕僚監部、自衛艦隊、地方総監部などの幹部自衛官約三百人が集まり、四日間にわたって行われた。北朝鮮が軍事境界線を越えて韓国に侵攻し、米軍と韓国軍が応戦を開始。国会が「周辺事態」を認定し、自衛隊の活動を承認したとのシナリオで始まった。

「周辺事態」の発動を受けた部隊の運用は多岐にわたり、まず大型輸送艦「おおすみ」や護衛艦が神奈川・横須賀基地、京都・舞鶴基地などから、韓国からの邦人輸送に出発。イージス護衛艦が弾道ミサイル探知のため日本海で待機する一方、日本近海にまかれた機雷を除去するため掃海艇も出動した。

さらに不審船の登場で海上警備行動が発動されたとの想定も加わり、北朝鮮に向かう外国船舶に対する船舶検査も実施した。日本海に進出した米空母キティホークをはじめとする米海軍第七艦隊への物資輸送や洋上補給も盛り込まれた。

演習最終日には「周辺事態」の終了が宣言され、演習も終了。ソ連海軍に対し、海上自衛隊の「勝ち」で終わるのが慣例だった往年の洋上決戦型の演習と違って、勝敗のない幕切れに戸惑う参加者もいたとされる。

翌十月の実動演習は、図上演習の成果を踏まえ、邦人救出や米軍支援が日本海などで実施された。政府は「地理的な概念ではなく、事態の性質に着目した」と説明したが、「周辺事態」とは朝鮮半島有事であることがあらためて証明されたのである。

周辺事態を想定した演習には、日本への侵攻に対抗する従来の戦闘型の訓練と違って、ミサイルや大砲は登場しなかった。緊張段階とはいえ周辺事態は平時だからである。海上自衛隊幹部の中から「海上自衛隊本来の戦闘訓練でなくていいのか」と不満の声もあったが、別の幹部は「肝心なのは周辺事態という応用問題を解く柔軟性を身につけることだ」と話し、邦人輸送や機雷掃海、米軍支援といった同時進行する事態に対処することの重要性を強調してみせた。

陸上自衛隊は海上自衛隊から四カ月遅れて二〇〇〇年二月、朝鮮半島有事が発生し、国内に潜入した武装ゲリラを掃討するという想定の大規模な図上演習を実施した。周辺事態か否かとは別に、自衛隊法の「治安出動」を根拠に出動したが、「十分な対処が困難」（陸上自衛隊幹部)なことは分かりきっていた。

陸上自衛隊の狙いは、朝鮮半島有事が発生し、政府が「周辺事態」と認定した場合、国内に武装ゲリラが侵入する可能性が大きいと判断して「領域警備」の法制化論議の加速を政治家に突きつける狙いがあったのである。

図上演習は「陸上自衛隊演習」と呼ばれ、十日間にわたり、陸上幕僚監部、各方面隊や各駐屯地で幹部自衛官約四千五百人が参加して行われた。

シナリオはこうだ。北朝鮮が軍事境界線を越えて韓国に侵攻し、朝鮮半島有事が発生。弾道ミサイルが九州、中国地方に撃ち込まれる一方、武装ゲリラが日本国内に潜入した。陸上自衛隊は首相の治安出動命令を受け、武器を持って出動した……。

図上演習では、原子力発電所など重要施設を占拠したり、市街地に潜む武装ゲリラをどのように一掃するかも課題となった。武装ゲリラに対する訓練は防衛出動時の補給処襲撃などに備えて行われてきたが、治安出動時を想定するのは初めて。本来、治安出動は国内の騒乱防止が目的で、武装勢力への対処を想定していないためだ。

図上演習では、自衛隊法で定められた「治安出動時の権限」を受けて、武器使用を正当防衛と緊急避難に限定し、相手の武器に相当する武器で対処する「警察比例の原則」も適用した。姿を見せない武装ゲリラの武器を特定することが困難なうえ、「今の法律では陣地をつくれず、穴一つ掘れないという不備を認識した中で訓練しないといけない」（磯島恒夫陸上幕僚長）という制約があることをあらためて確認した。

陸上自衛隊には、平時に領土領海を守る「領域警備」の制度化論議を活発化させたい思惑があった。彼らにしてみれば、蓋然《がいぜん》性が高い危機に対応するため、必要な策を示したに過ぎない。しかし、「領域警備」は政治家が決断する防衛出動や治安出動と異なり、事前に権限を与えられた制服組の判断で活動できるため、国会では「シビリアンコントロールに反する」との慎重論が強かった。結局、問題提起は空振りに終わった。

実は第二次安倍政権こそが制服組の考えを受けとめている。安倍首相は自らが人選し、解釈改憲の検討を命じた私的諮問機関「安全保障の法的基盤の再構築に関する懇談会（安保法制懇）」の二月四日の会合であいさつし、検討すべきテーマとして以下を指示した。

①　わが国に対する武力攻撃が発生した事態でなければ、防衛出動による自衛権の発動としての武力の行使はできない。

②　他方、例えば、潜水航行する外国潜水艦が領海に侵入してきて、退去の要求に応じな

い場合や、本土から数百キロ離れた離島や海域で警察や海上保安庁だけでは速やかに対応することが困難な侵害など、いわゆる「グレーゾーン」の事態への対応の必要性が認識されている。

③　自衛隊が十分な権限でタイムリーに対応できるかといった面で法整備によって埋めるべき「隙間」がないか、十分な検討が必要である。

安倍首相が取り上げたのは、日本が攻撃を受けていない場合に自衛隊が武力行使する「マイナー自衛権」の問題である。過去の自民党政権なら憲法違反とみなし、取り合わなかった事例について踏み込もうというのだ。陸上自衛隊が図上演習を通じてアピールした「領域警備」を潜水艦による領海侵犯に置き換えたものだ。

続けて、安倍首相はこうも指示した。

④　わが国を取り巻く安全保障環境が一層厳しさを増す中、このような法的な「隙間」があるとすれば、わが国に対する攻撃を未然に防ぐという「抑止」が機能しなくなり、それは国民を大きな危険にさらすということである。

⑤　こうした現状では、わが国周辺の安全保障上の脅威に対応するために備えが十分とは言えず、わが国の安全保障に関する法的基盤をシームレスなものとし、あらゆる可能性について国民の生命と安全を考えた万全の体制を構築していくことが大切である。

現に中国との間で尖閣諸島の問題があるのだから、「集団的自衛権を行使して米国を守る」といった荒唐無稽な議論と比べ、現実味を帯びたテーマであることは間違いない。しかし、警察や海上保安庁では手遅れになるから、最初から自衛隊を使えとの発想は、紛争の火種をバラまくのに等しい。中国でさえ、尖閣諸島には海上警察である「海警局」が対応している。米国では軍の下にナショナル・ガードや沿岸警備隊を、ロシアは軍隊とは別の国境警備軍を設けている。他国との揉め事にいきなり軍隊が出ていって国際紛争にしないための知恵である。軍隊が国境警備を担うのは、海を隔てた大陸側の欧州各国が安定していて、警備出動の機会がない英国の例がある。

「隙間」を埋める作業とは、結局、自衛隊の現場指揮官に武力行使の権限を与える新たな法制の整備ではないのか。何者かが離島を占領する、武器保有の可能性があるなどいくつかの条件を挙げ、相手の行動がその条件を満たした場合、自衛隊は武力行使を許される仕組みが考えられる。だが、攻撃を受けた相手が黙っているはずがなく、紛争に発展するおそれは高まるだろう。起きてしまった武力衝突に対し、後付けで首相が防衛出動を下命するなら、確かに継ぎ目のないシームレスな対応にはなる。だが、それでいいはずがない。あらたな法整備に着手し、政治主導で周辺国との緊張をあおる結果になれば、「領土領海を守る」との目的から遠ざかることになる。慎重で丁寧な議論が必要だろう。

第6章
逆シビリアンコントロール

陸上自衛隊の施設学校を視察するモンゴル将校団(2014 年 2 月)

「人助け」目指して自衛隊へ

自衛隊は何をやっているのだろうか。

日本は第二次世界大戦の終結後、侵略を受けたことがなく、他国との紛争に巻き込まれたこともないので戦争の経験がない。実任務は国内の災害救援活動、海外における国連平和維持活動（ＰＫＯ）と国際緊急援助隊に限られている。「人助け」に徹してきた世界でも珍しい軍事組織である。

国内の災害派遣は、東日本大震災で十万人を派遣し、被災地で行方不明者を捜索し、被災者の生活を支援した。国内の災害出動は年間六百回から九百回にも上る。

東日本大震災後、内閣府が行った「自衛隊・防衛問題に関する世論調査」で自衛隊によい印象を持っているとの回答が初めて九割を超えた。東日本大震災での活動は実に九七・七％が「評価する」と回答した。

陸上自衛隊の中堅幹部を養成する学校を訪ねた。相模湾を望む三浦半島の神奈川県横須賀市にある陸上自衛隊高等工科学校だ。中学を卒業した九百六十人の男子生徒が将来の陸上自衛官を目指し、学んでいる。倍率は実に十五倍。公立・私立の有名校との掛け持ち受験も多い、隠れた難関校のひとつだ。

生活は厳しく、全寮制。入校してすぐにアイロンがけとボタン付けを教え込まれる。教室の移動は毎回、整列。一年生は携帯電話も所持できない。二年生から射撃や戦闘の訓練が始まり、三年生になると演習場に泊まり込んで本格的な演習を体験する。体育クラブは必修。卒業して陸上自衛官になるころには、行儀がよくて、筋骨隆々の若者に育つことになる。

一年生から三年生までの十人が取材に答えてくれた。東日本大震災で家を流された岩手県出身の三年生は自衛隊の献身的な救援活動にあこがれ、受験した。八人が災害派遣で自衛隊を知り、残り二人はPKOで海外の活動を知ったことが、志望動機になった。国防の意識は後からついて来るようだ。

安倍首相は憲法解釈を変更して集団的自衛権行使の容認を目指すと明言している。専守防衛の歯止めが消えれば、海外での武力行使も想定しなければならない。海外で戦争を続けてきた米国は多くの戦死者・戦傷者を出し、帰国後、心的外傷後ストレス障害(PTSD)に悩まされる兵士も少なくない。海外で戦うことが任務となる自衛隊に、この学校に来るような良質な若者が集まるだろうか。

自民党が指向する新自由主義は、安倍首相の再登板によって純化されようとしている。政府機能までも市場経済に委ねようとする新自由主義は、貧富の差を広げる弱肉強食の世界である。一握りの富裕層が国富の大半を手にする米国のような国を目指そうとする為政者にとって必要なのは、新たな統治機構である。それこそが「国民を支配する憲法」、すなわち自民党が新たな憲法を必要とする理由であろう。

自衛隊が行うPKOや災害派遣を通じた「人助け」にあこがれ、入隊してくる良質な若者が自衛隊から消えても心配はいらない。新自由主義によって企業がさらにグローバル化し、正規雇用されない若者が増えているからである。総務省の調べで、働く人の三八・二%が非正規社員となっている。

働いても年収二百万円以下の「ワーキングプア」と呼ばれる若者にとって自衛隊の報酬は魅力だろう。初任給は十五万九千五百円、九カ月後には十七万四千三百円、一年後には十八万円になる。収入総額は一任期(陸上自衛隊の場合で二年間)で約六百万円。一任期ごとにボーナスがあり、二任期務めると総額は千三百六十四万円になる。衣食住は「部隊持ち」なので、支給されるカネを何に使おうが自由だ。現に高卒者を対象にしている区分の任期制隊員の募集に大卒者が殺到、大学院の卒業者も来るほどだ。

幹部自衛官の待遇は、さらに恵まれている。防衛省政策会議に提出された資料「自衛官モデル給与例」をみると、モデルとなった一佐（四十七歳、配偶者、子ども二人）で一千二百四十二万八千円の年収がある。これは一流企業の課長クラスに匹敵する。一佐の定年は五十六歳と早いが、定年を前にして「肩たたき」に遭えば、勧奨退職扱いとなって割増金がもらえる上に、若年退職扱いになり、防衛省から「天下り」の斡旋《あっせん》が受けられる。より高位の将官クラスは防衛産業などの「顧問」となり、週に三日程度の勤務で、現役時の七、八割の年収が保証されている。

海外で勤務すれば手当が付く。イラク派遣の場合、最高で一日二万四千円が支給された。三カ月の派遣期間に受け取る総額は二百二十万円。戦死を覚悟しなければならないような、より危険な海外派遣が実現すれば、手当は跳ね上がるだろう。

米国の貧困層は雇用の場を求めて米軍に入る。いずれ日本の若者は自衛隊を目指すことになるのかも知れない。そのときの自衛隊は今のままの自衛隊でいられるだろうか。

「オールジャパン」の南スーダンPKO

現在行われている自衛隊の海外活動は二つある。ひとつは南スーダンのＰＫＯ、もうひとつはソマリア沖の海賊対処活動である。

中部アフリカに位置する南スーダンは二〇一一年七月、スーダンから独立した世界一新しい国だ。日本の一・七倍と広い国土を持ちながら、人口は一千万人ほど。全体が過疎のアフリカにあって際立って人が少なく、国づくりに必要なマンパワーが不足している。

国家予算は、日本の中堅都市の年間予算と変わらない額の一千二百億円。収入の九八％を占める石油は、内陸の南スーダンからは輸出できず、パイプラインを通じてスーダン経由で船積みされるが、パイプライン使用料をめぐってスーダンとの争いが絶えない。二〇一三年十二月には部族の違う、大統領派と副大統領派による対立が強まり、内戦に近い状況となっている。

内憂外患によって、独立したものの立ち枯れしかねないこの国に対し、国連はＰＫＯである国連南スーダンミッション（ＵＮＭＩＳＳ）を設立した。地元民保護などを理由にした武力行使が認められる国連憲章七章型のＰＫＯでもあるが、防衛省は「自衛隊は武力行使できないことを伝えてある」という。

陸上自衛隊の施設隊（四百人）は、過去に参加したＰＫＯ同様、道路補修などのインフラ整備を行っている。国連は当初、国境に近いワウか、マラカウへの派遣を求めたが、日本政府が首都ジュバへの派遣を逆提案し、認められた。ワウには中国軍が、マラカウにはインド軍の工兵部隊がそれぞれ派遣された。

中国軍は、スーダンに展開していた国連スーダンミッション(UNMIS)が南スーダン独立と同時に活動を終えるや否や、南スーダンへ移動した。石油資源の確保からスーダン政府に資金投下を続けてきた中国が、今度は南スーダンへの関与を深めようというのだ。南スーダンの豪華な新空港ビルは中国が資金を出し、中国人労働者が建設した。

南スーダンへの自衛隊派遣の理由の中に、米兵十八人が犠牲になったソマリアPKOの失敗をきっかけにPKOへの部隊派遣をやめた米国の「名代」としての役割があるのは明らかだ。米国は南スーダン政府に巨額の政府開発援助(ODA)を行い、中国への牽制を強めている。

物流のための幹線道路は、南のウガンダから白ナイル川を経てジュバに入る一本だけ。そこに橋を架けたのが日本の国際協力機構(JICA)であり、今度、ウガンダまで百九十キロの道路を舗装するのが米国務省の下にある米国際開発庁(USAID)である。近く二本目の橋をやはりJICAが建設し、橋までの道路整備は陸上自衛隊が受け持つ計画が進んでいる。

南スーダンの背骨をつくろうという日米両政府が南スーダンの将来をめぐり、話し合わないはずがない。「米国のカネ」「日本の自衛隊」が日米連携を強め、アフリカの地で中国に対抗している。

日本にとって過去のＰＫＯと違うのは、内閣府、外務省、ＪＩＣＡ、非政府組織（ＮＧＯ）、そして自衛隊が一体となって事業を進める「オールジャパン体制」をとる点にある。

日本の「やる気」は、自衛隊の部隊編成に表れている。過去のＰＫＯは司令部から指示が出るのを待つ、ごく当たり前のやり方だった。今回は「現地支援調整所」という名前の「制服の外交団」が編成され、所属する二十人が施設隊の仕事を見つけるため、ＵＮＭＩＳＳ司令部や国連機関、地元政府と調整する。

初代調整所長の生田目《なまため》徹一佐は二〇一二年一月に現地入りした。「最初に取り組んだのはどんな現地ニーズがあるか探ること。南スーダン政府や国連機関と会合を重ねた。『国づくり』に積極的に取り組むことはこのＵＮＭＩＳＳの任務に合致している」

だが、日本方式は理解されなかった。オールジャパンで取り組むなんて、ＰＫＯの常識を越えているからだ。「何をしにきたんだ？　とりあえず日の丸は消してほしい」。ＵＮＭＩＳＳ司令部から、日本への利益誘導が目的ではないかと勘繰られ、自衛隊は、日本から持ち込んだ百三十両の車両のバンパーから「日の丸」シールをはがした。

理解してもらうには実道で示すしかない。例えば、水道の改修事業。水道の供給量はジュ

南スーダン PKO で道路補修をする陸上自衛隊
（2012 年 7 月）

バの全人口が必要とする二割にすぎず、多くの住民はナイル川の生水を飲んでいる。ＪＩＣＡが日本の無償資金協力（ＯＤＡのひとつ）で浄水施設をつくり、配水管を敷設する。敷地造成を施設隊が受け持つことになった。

郊外にある国連難民高等弁務官事務所（ＵＮＨＣＲ）の帰還民一時収容施設。スーダンからの引揚者が一時的に滞在する木造宿舎を日本隊が現地で調達できる資材ばかりで建設した。やはり補修を地元の人々ができるようにとの配慮からだ。

官庁街の目抜き通り、ナバリ道路は年中、ぬかるみの状態で車はまともに走れない。現地支援調整所が地元政府に働き掛け、地元政府はＵＮＭＩＳＳ司令部に道路補修を要請、司令部は日本隊に道路改修を要請した。

工期は二〇一三年一月から十一月までの十カ月に及び、地元で調達した砂利とコンクリートによる簡易舗装の道路が完成した。左右の道路脇にある排水溝（側溝）は石積みを採用して、地元政府を通じて地元の人々を雇用し、造り方を教えた。コンクリート製にしなかったのは、自衛隊撤収後も地元の人々だけで補修できるからだ。

こうしたやり方をみていた国連開発計画（UNDP）は新設するジュバ大学の校舎建設の施工監理を依頼してきた。建設を受注したのは中国、エチオピアの建設業者だが、設計図通りに造られるか、チェックして欲しいというのだ。

第二次調整所長の土屋晴稔一佐は「自衛隊の仕事のやり方をみてもらうことか何より大事。国連や地元政府からの信頼は高まったと実感できた」という。オーストラリア政府から陸軍の将校と下士官が日本隊支援のために送り込まれ、自衛隊と一緒になって仕事を探したり、英語の文章をチェックしたり、と日豪連携が実現している。

すべての車両からはがした「日の丸」シールは再び、バンパーに張り付けられた。

二〇一二年七月、私は南スーダンの自衛隊宿営地を取材した。「どこまでやったら活動は終わるのか」と複数の幹部に聴いた。「うーん」とうなる人がいる一方で、「政治家が決めること」との模範回答が目立つ。その肝心な政治家は、南スーダンまで足を伸ばそうとはしない。防衛省の大臣、副大臣、二人の政務官も例外ではない。

これまでも自衛隊を海外へ送り出すまでは国会で論議するが、派遣してしまえば「よきに計らえ」だった。達成すべき目標も撤収時期も定めず、戸惑う自衛官の背中を「とりあえず行け」と押すだけである。

そうした政治家による「シビリアンコントロール（文民統制）」のもと、憲法の枠内で巧みに自衛隊を操ってきたのは自衛隊自身である。南スーダンで試みている「オールジャパン」の取り組みを考え出したのも、政治家ではなく、幹部自衛官や内閣府、外務省、防衛省の官僚たちだ。

安倍政権はＰＫＯ協力法を改定して、攻撃を受けた他国の軍隊を自衛隊が救助する「駆けつけ警護」をＰＫＯに取り入れようとしている。改正案は過去、内閣法制局が「憲法違反にあたる」との見解を示し、国会に上程されることはなかった。しかし、憲法解釈を変えてもよいのだとなれば、自衛隊を危険な任務につけることにより、海外における武力行使に一歩近づくことになる。

自衛隊の現実を知ろうともしない政治家たちが、机上で自衛隊の活動を夢想する。日本のシビリアンコントロールを不安視する声は現場で活動する自衛隊の中にこそある。

米国の「名代」担うソマリア沖の海賊対処

次いでソマリア沖の海賊対処活動をみてみよう。

海上自衛隊は二〇〇九年三月から護衛艦二隻を、同年六月からとP3C哨戒機二機をアフリカの海賊対処に派遣している。護衛艦、P3Cとも活動拠点はアデン湾の奥にある小国のジブチである。

P3Cを運用するための海外拠点と呼ばれる事実上の基地は、二〇一一年六月に完成した。派遣されているのは海上自衛隊百二十人と機体警護のための陸上自衛隊七十人。小銃と防弾チョッキで武装した陸上自衛官が立つゲートには「日本国自衛隊　派遣海賊対処行動航空隊」とある。

敷地にはプレハブの隊舎、宿舎が一体となった平屋建ての建物が数棟。最高気温が五十五度にもなる過酷な環境なので、表に出ることなく廊下を通って、部屋から部屋へと移動できる造りになっている。トレーニングルームが併設された体育館、図書館、カラオケ酒場まであり、活動の長期化を想定していることが分かる。

この拠点はジブチ空港の滑走路の北側にあり、南側には米軍基地のキャンプ・レモニエが広がっている。キャンプ・レモニエの役割は、在ジブチ日本国大使館も「教えてもらえない」というほど秘密めいている。設置のきっかけは、二〇〇〇年十月、アデン湾を挟んだイ

ソマリア沖の海賊対処に派遣された海上自衛隊の護衛艦（2009年6月）

エメンで起きた米駆逐艦「コール」を狙った自爆テロ事件だった。寄航中だったコールはテロリスト集団「アルカイダ」のボートによる自爆テロを受け、乗員十七人が死亡した。

キャンプ・レモニエを統轄するのはドイツに司令部がある米アフリカ軍。担当地域は文字通りアフリカだが、設置の経緯からキャンプ・レモニエは中東とアフリカにおける対テロ作戦の拠点とみられる。駐留するのは陸海空海兵隊の四軍で、肉眼でもF15戦闘機八機と多数の輸送機、ヘリコプターがみえる。

空港近くにはフランス軍も駐留している。もともとフランス植民地のジブチは、現在も国の安全保障をフランスに依存する。中心部のホテルには海賊対処のドイツ軍やスペイン軍も滞在するが、いずれもフランス軍の基地を間借りして勤務している。独立した基地を持つのは米国、フランスに次いで、日本が三番目ということになる。

在ジブチ日本国大使館の西岡淳特命全権大使は「海上自衛隊の拠点があるから、われわれも米国と対等に話ができる。自衛隊のように緻密な作戦行動をとれる国はそうない。外交的にみても自衛隊の駐留は有意義だ」と話した。

P3C哨戒機はアデン湾の監視飛行を一カ月に二十日間、実施している。これは他国を含めた監視飛行の七割にあたる。哨戒機を派遣しているのは海上自衛隊のほか、ドイツ、フランス、スペイン、オーストラリア、スウェーデンの五カ国。海上自衛隊を除く各海軍は一機のうえ、ゼロになることもあり、常時二機を派遣する海上自衛隊は中心的な役割を担う。

飛行日程の調整は中東バーレーンにある米海軍第五艦隊司令部で行われており、米軍主導であることは疑いがない。しかし、その米軍は、紅海、アラビア海の海賊監視のほか、対テロ作戦に自国のP3Cを活用しており、アデン湾の監視飛行は海上自衛隊任せだ。自衛隊は南スーダンだけでなく、ジブチでも米国の「名代」を務めているのである。

中国は何をしているのか。中継ぎ貿易で外貨を稼ぐジブチに対し、貿易、投資、ODAの三本柱で影響力を行使する。大使館を置いたのはジブチ独立の一九七七年ともっとも早く、アフリカにおける資源確保の橋頭堡としてジブチを利用している。政府機関の建物建設やジブチ港湾の整備を行い、ジブチとエチオピアの首都アジスアベバをつなぐ鉄道の近代化も中国主導で進んでいる。

他の国々へも次々にODAを投下して、アフリカでの地盤を固める中国に対し、軍隊の姿をみせない米国が、自衛隊を中国との覇権争いに活用する構図がみえてきた。日本は米国の「代理戦争」にどっぷりはまっているようにみえる。

アフリカ大陸とアラビア半島に挟まれ、東西交通の要衝にあたるアデン湾を航行する民間船舶は年間一万八千隻にのぼる。海上自衛隊は二〇〇九年の活動開始から一三年四月末までに三千六十八隻を護衛した。二〇〇九年に年間二百十八件あった海賊被害は一三年になって十件と激減した。海賊船の出没海域もアデン湾から離れた紅海、アラビア海へと移り、アデン湾の海賊封じ込めに成功している。

民間船舶護衛のため、米第五艦隊、北大西洋条約機構（NATO）、欧州連合（EU）の三者が海域ごとに駆逐艦を配備するゾーン・ディフェンス方式で海賊船を監視する。

一方、海上自衛隊は先頭と末尾の護衛艦が民間船舶をはさみ込んで航行するエスコート方式だ。同じ方式の中国、韓国、ロシア、インドと重複しないよう航行日程を調整している。日本周辺では国境問題でぎくしゃくする中国、韓国、ロシアと遠いアフリカで連携できるのは、本国の目が届かず、雑音が入らないからだろうか。

各国海軍や民間船舶との交信は自衛隊や各国軍隊が使う暗号がかった秘密通話ではなく、国際VHFで暗号なしで行っている。海上保安庁の巡視船でも搭載しているふつうの通信機だ。護衛艦には海賊逮捕に備えて、海上保安官が八人同乗している。

アデン湾の海賊被害が減ったことにより、護衛艦二隻のうち一隻は二〇一三年十二月から、米第五艦隊の統合任務部隊「CTF151」に参加した。任務が海賊船の取り締まりを含む海域監視に変わり、武器使用の可能性が高まっている。

派遣根拠の海賊対処法は海上保安庁の活用を前提にしており、自衛隊関連法と比べて武器使用基準が緩いのが特徴だ。海賊船を停船させる目的の発砲や自衛隊の海外派遣では本来、許されない「任務遂行のための武器使用」を認めている。万一、自衛隊が発砲し、相手が「軍または軍に準じる組織」だった場合、憲法九条で禁じた武力行使になりかねない。

ソマリア沖への派遣を決めた麻生太郎自公連立政権下の国会では、海上保安庁が東南アジアの交通要衝、マラッカ海峡の海賊対処で主導権を発揮した実績があるにもかかわらず、「海上保安庁の巡視船では外洋には出られない」などのでたらめ答弁が並べ立てられた。自衛隊を送り出したいための明らかなウソである。野党だった民主党は「海上保安庁を活用すべきだ」として自衛隊派遣に反対した。しかし、二〇〇九年政権を握った途端に沈黙した。

再び野党に転落した現在、この活動にまったく関心を示していない。

野党が追及しなければ、政府・与党は何の手も打たない。過去の自衛隊海外派遣では例がないほど、武器使用基準が緩んだ中で行われている海賊対処は、いつでも憲法違反に転落する危険性が潜む。安倍政権はその事実を知り、憲法解釈の変更の材料にしようともくろんでいるのだろうか。それとも「何ごともないだろう」と思考停止させているのだろうか。

モンゴル、ベトナムから高級将校

「自衛隊の高度な知識、能力を身につけたい」

二月中旬、茨城県ひたちなか市にある陸上自衛隊施設学校で、モンゴル陸軍の五人の将校団が研修を受けた。将校団は並べられた自衛隊の測量器材を操作しながら、自衛隊の担当者を質問攻めにした。

自衛隊の施設科は、ゼネコンと同じ程度の道路建設能力がある。使う器材は民間業者と同じものだ。一方、モンゴル軍は測量は民間業者に委託し、施工のみ工兵部隊が行う。海外活動であるＰＫＯに民間業者は同行しないので、測量から施工まで自己完結させる必要がある。海外活動しているのは自衛隊のＰＫＯと同じ南スーダンである。

団長のダワードルジ大佐は「装備品はロシア、ドイツ、韓国などが提供してくれる。招待してくれたうえ、技術まで教えてくれるのは日本だけ。こうした交流を通じて二国間の関係が発展することを願う」と感謝の言葉を述べた。

ロシア、中国という大国に挟まれ、バランス保持が欠かせないモンゴルに対し、日本政府は有償、無償の資金援助を行い、自衛隊は目に見える人的貢献をしている。

防衛省は二〇一一年度から、人道支援・災害救援、地雷・不発弾処理、ＰＫＯなどの安全保障分野で東南アジアをはじめとする諸国の能力を高める「能力構築支援」を開始した。ＰＫＯ、国際緊急援助隊に続く、三番目の国際貢献策にあたる。

カンボジア、東ティモールといった自衛隊がＰＫＯで活動した国のほか、憲法を改正してＰＫＯ参加を決めたベトナム、モンゴル、インドネシアへ隊員を派遣したり、軍人を招いたりして日本の技術を習得してもらおうとの狙いがある。

陸上幕僚監部国際防衛協力室長の笠松誠一佐は「人種、宗教が異なるアジアの国々は多種多様。日本の牽引力が必要だ。互いによく知り合い、共通の価値観を形成する原動力になりたい」。能力構築支援は平和への積極的な貢献策と強調する。

ゲーツ米国防長官は来日した際、「アジア太平洋の国々の最大の脅威は、台風、地震、津波といった大規模な自然災害である」と断言した。国際緊急援助隊として自衛隊が出動した十三回のうち、九回は二〇一三年にあったフィリピンの台風被害などアジア太平洋地域への出動だった。自然災害が多い途上国が道路補修や車両整備を自前でできるようになれば、それだけ早く復旧できることになる。

ベトナム軍の将校団は二〇一三年三月、静岡県御殿場市にある陸上自衛隊駒門《こまかど》駐屯地で研修を受けた。

ベトナム陸軍の将校七人は、迷彩服を来た国際活動教育隊長の伊崎義彦一佐ら陸上自衛隊幹部を交え、富士山に向き合う構図で記念撮影した。背景にしたのは掲揚塔に並んで掲げられた日の丸とベトナム国旗。ベトナムからの一行は、富士山よりも日越友好を演出したふたつの旗を背景に選んだ。

「日本から学ぶところが多かった。われわれはまだまだと感じた」と団長のベトナム国防省軍医局長、ヴー・クォック・ビン少将。来日した目的は、将来的なＰＫＯへの初参加に向けて、自衛隊のＰＫＯへの取り組みを学ぶことにあった。

ベトナム戦争で米国と、中越紛争で中国と血で血を洗う壮絶な経験をしたベトナムは、軍隊を海外へ送り出すことに慎重だった。太平洋戦争で軍人、民間人合わせて三百万人以上が死亡し、二度と戦争はしないと誓って平和憲法を制定し、海外派遣を見合わせていた日本と似ている。近年、日本のPKO協力法に相当する法律をつくり、海外派遣の検討を始めた。

その実績からPKO大国と呼ばれるカナダ、オーストラリアではなく、なぜ日本を研修先に選んだのか。ビン少将はこういう。

「PKOとは何か、たくさんの疑問があり、実態を知りたかった。日本は武器を使わない国際貢献を積み上げ、PKOでは人道支援に徹している。日本のPKO協力法が定めている参加五原則（①紛争当事者間の停戦合意、②紛争当事者による日本の参加同意、③活動の中立性、④以上のいずれかが満たされなくなった場合の撤退、⑤武器使用は必要最小限にとどめる）に強い印象を受けた。いずれもベトナムの国情に合うものです」

手放しのほめようだが、日本に目を向ければ、三年三カ月ぶりに自民党（自公）政権が復活し、タカ派の安倍晋三首相が憲法改正を公言している。日本から学ぶなら今しかないと考えたのだろうか。

国際活動教育隊は、陸上自衛官が海外で活動することを想定して、二佐から三尉までの幹部、曹長から三曹までの陸曹に分けて、教育する。

二〇〇六年十二月の自衛隊法改正で、海外活動が国防に準じる本来任務に格上げされたのを受け、海外派遣の司令部「中央即応集団」が二〇〇七年三月に誕生、国際活動教育隊はその配下にある。

ベトナム軍将校が視察したのは、幹部に対する教育だった。教室ほどの広さの部屋の入り口に「カラナ派遣群指揮所」の看板がある。架空の国、カラナで行う七百人規模のPKOを想定したものだ。PKOの指揮所そっくりの室内で、全国の駐屯地から集められた幹部十三人が正面の大画面をみつめている。

これまでカンボジア、東ティモール、ゴラン高原などに派遣されたPKO部隊の活動は、道路や橋の補修と輸送に限られていた。国際活動教育隊の幹部は「カラナPKOでは、港湾での陸揚げからPKO宿営地までの輸送のほか、各種施設の建設、道路・橋の復旧といった後方支援全般について教育する。過去、実際にあったPKOでは内容が想定できるので難しい訓練にはならない」という。

別の部屋ではNPO「ピースウィンズ・ジャパン」との協議が始まった。ピースウィンズ・ジャパンは、紛争や災害、貧困などの脅威にさらされている人々を支援するため、イラク、アフガニスタン、モンゴルなど九カ国で活動するNGOだ。

自衛隊とNGOは水と油のように思われがちだが、実際には違う。もちろん自衛隊に拒否反応を示すNGOはあるが、自衛隊の組織力や危機管理能力を活用したいNGOと、現地に食い込んだNGOから情報がほしい自衛隊の利害は一致する。中央即応集団にはNGOとの連携を想定した「民生協力課(CIMIC＝Civil-military co-operation、シミック)」が置かれているほどだ。

ベトナム軍将校の一行を見送った後、伊崎一佐はこういった。「自衛隊がPKOに参加して二十年。積み上げたノウハウを各国に伝える番になった。(憲法の制約下にある)日本のやり方は他国に適用できないかも知れないが、その意味するところを理解してもらえれば、と思う」

自衛隊の海外活動は国際緊急援助隊も含めると、延べ二十八回にのぼり、四万人の隊員を派遣した。伊崎一佐は「最近、感じているのはオーストラリアなどPKO先進国に近づいたということ。地域目線で活動するのが日本の特徴だ。力ずくでは住民の理解を得ることはできません。活動の成否は、いかに地元と連携できるかにかかっている」という。

政治家を動かした海上自衛隊

自衛隊に関心を示さず、それでも意のままに動かそうとする政治家に対し、自衛隊は自らの考えを示し、あたかも政治家が決断したようにみせかける「逆シビリアンコントロール」を続けてきた。

二〇〇一年、米同時多発テロの発生から間もない九月二十一日深夜、私服に着替えた海上幕僚監部の複数の幹部が安倍晋三内閣官房副長官の自宅を訪ねた。

幹部は米軍を支援するため自衛隊の艦艇が「危険な場所」に派遣されることを前提に、武器使用の制限を緩めることへ理解を求めた。そして「隊員がけがをしたり亡くなったりした時に、政治家が『すぐ帰って来なさい』というのであれば初めから出さないでもらいたい。政治家は腹をくくってほしい」と直訴した。

直訴した幹部と会って、その理由を聞いた。

「同時多発テロ発生後、防衛庁の背広組である内局が考えたのが政府専用機を送り込み、邦人を輸送すること。全世界がテロに対抗しようという時に自国民だけ助けようとする。これではだめだ、米国の信頼を失うと思った。現行法でも情報収集を根拠に自衛艦をインド洋に派遣できる。手分けして国会議員を説いて回った」

その成果なのだろう、護衛艦や補給艦はテロ特措法に基づく基本計画の策定を前にしてインド洋に向けて出港する。海上自衛隊が防衛政策をハンドリングした瞬間だった。

米同時多発テロが起きた同年九月十一日に遡ろう。「海上自衛隊はいかなる支援も惜しまない」「ありがとう、感謝する」。石川亨海上幕僚長は、在日米海軍横須賀基地のチャップリン司令官に電話をかけた。

支援はただちに実行された。海上幕僚監部は米軍基地のある東京湾と佐世保湾の警備を決定。非常呼集された乗員を乗せた護衛艦や掃海艇は十二日早朝、港湾の出入り口を目指し、次々に出航して行った。それだけでは終わらなかった。

「こんな物騒な基地にはいられない」。横須賀基地上空は羽田空港の飛行ルート。飛び交う旅客機は米兵に、ニューヨークの世界貿易センタービルに突っ込んだハイジャック機を連想させた。同月二十一日、米空母キティホークなど四隻の米艦艇が横須賀から出航した。「アフガニタン攻撃への参加」と報道されたが、実際には緊急避難だった。米軍の要請を受けて、米艦艇を前後に挟む形で護衛艦が二隻、事実上の護衛にあたった。

港湾警備と空母護衛の根拠は、防衛庁設置法の「調査・研究」とした。だが、同法は防衛庁の所掌事務を定めた法律で、所掌事務とは自衛隊を管理すること。そして自衛隊の任務は日本防衛にある。この法解釈には無理がある。空母護衛は憲法で禁じた集団的自衛権行使に触れかねないきわどさがあった。

実施前、防衛庁の会議は紛糾した。「根拠があいまいすぎる」と渋る内局を海幕が「日米同盟が崩壊してもいいのか」と説き伏せた。

海上自衛隊は冷戦期、ソ連の潜水艦封じ込めで米軍と協調し、陸海空自衛隊の中で一番、米軍との関係が深い。「旧日本海軍の末裔《まつえい》」を公言する彼らは独立心が強く、米軍と五分五分の力で日米同盟を支えているとの強烈な自負がある。

空母護衛には誤算があった。福田康夫官房長官が「聞いていない」と強い不快感を示し、自民党の一部から「海上自衛隊は調子に乗っている」との批判が上がったからである。後にテロ特措法が成立し、当初、インド洋へ派遣する艦艇リストから高性能のイージス護衛艦を外させたのは自民党だった。その自民党と海上自衛隊の関係をめぐっては謎が残る。

同時多発テロから八日後、小泉純一郎首相は、七項目の緊急対応措置を公表した。この中に「米軍等への補給支援」があった。実は同じ項目は、海幕がひそかにまとめた「海上自衛隊による支援策」にも書かれており、活動地はずばりインド洋となっている。

一方、防衛庁の背広組の内局は小泉首相が示した七項目をまったく知らなかった。対米支援に腐心する外務省が内局に相談することなく、たたき台をつくったからだ。そして、ひそかに外務省と手を握ったのは、安倍氏の自宅で直訴した海幕幹部たちだった。

二〇〇一年十一月八日、インド洋へ向けて海上自衛隊の艦艇五隻が日本を出発した。テロ特措法は国会審議中だったため派遣の根拠法は空母護衛と同じ、防衛庁設置法の「調査・研究」である。違ったのは、首相官邸がゴーサインを出していたことである。

「海幕は裏工作をした。絶対に許さない」と怒った背広組幹部はすでに防衛省を去った。必要とあれば、いつでも政治家や他省庁に働きかけ、意のままの結論へと誘導する。自衛隊の逆シビリアンコントロールは、健在である。

裏工作の裏側

逆シビリアンコントロールが誕生したのは、政治家が自らの負うべき責任を自衛隊に丸投げしてきたことにも原因がある。

陸上自衛隊初の海外派遣となったカンボジアへのPKO参加で、早くも最初の無理が強いられた。カンボジア総選挙を控えた一九九三年五月、旧政府軍のポル・ポト派によるとみられる邦人警察官の殺害事件が発生し、日本人四十一人を含む選挙監視員の警護のあり方をめぐり、国会を中心に「自衛隊が近くにいるのだから、守らせろ」との声が広がった。

急きょ、陸上幕僚監部からカンボジアの宿営地に派遣された将官は「陸幕長の意向」として、日本人を守るよう求めた。文書ではなく口頭なので証拠は残らない。しかも命令ではなく、「お願い」である。日本国内の空気を口頭で伝えたのだ。しかし、部隊に邦人警護の任務は与えられていない。憲法で禁じた武力行使に発展する可能性があるためである。「どうすればいいのか」「責任の所在があいまいだ」。派遣部隊幹部は口々に不満を訴えた。

陸幕の将官は邦人を警護する「手法」を伝えた。補修した道路や橋の視察を名目に、実弾入りの小銃を持って投票所を偵察する「情報収集チーム」(四十八人)と襲われた選挙監視員を治療する「医療支援チーム」(三十四人)の新規編成である。

「情報収集」や「医療支援」というのは偽りの看板にほかならない。海外に派遣された自衛官が武器を使用できるのは正当防衛、緊急避難に限定されている。防衛出動ではないから警察官が容疑者に向かう武器使用基準と同じ警察官職務執行法が適用されるだけである。

発砲を制限された隊員たちが邦人選挙監視員を守るには、どうすればよいのか。陸幕が出したのは「自らが襲撃されればよい」という驚くべき結論であった。選挙監視員が襲撃されたならば、隊員が撃ち合いの中に飛び込み、当事者となることで正当防衛を理由に選挙監視員を守れるという理屈が生み出された。隊員に「人間の盾」になれというのである。

孤立した施設大隊は戦闘能力の高いレンジャー隊員を集めて「情報収集チーム」を編成し、

巡回を始めた。幸い、何事もなく終わり、「医療支援チーム」の出番はなかった。間もなく派遣期間を終え、帰国した部隊は防衛庁長官から自衛隊として最高賞の一級賞詞を与えられ、カンボジアPKOの現実は闇に葬られたのである。

「制服組に任せればなんとかなる」。軍事に関心を持たない日本の政治家は、ますます自衛隊の活動に関心を示さなくなった。

米国によるアフガニスタン戦争ではどうだったか。テロ特措法には陸上自衛隊の活動を想定して「他国の領域」での活動が書かれていた。「防衛庁の守護神」と呼ばれた山崎拓元防衛庁長官が現地を訪問し、陸上自衛隊に地雷処理、野戦病院の設営、避難民キャンプの運営を任せようとしたからである。

「何も分かっていない」。陸上幕僚監部の幹部たちは制服を背広に着替えて山崎氏に直談判し、地雷処理は紛争当事国や民間団体の仕事であり、自衛隊にはその能力がないことなどを伝えた。すると国会で「陸上自衛隊の派遣はしない。海上自衛隊の給油活動だけとする」と決められたのである。

イラク戦争でも制服組は動いた。イラクの首都バグダッド上空に航空自衛隊のC130輸送機が着陸しようとすると、操縦室に「ピー、ピー、ピー」という警報が響いた。同時にボン、ボンと鈍い音を残して炎玉のフレアーが機外に自動発射された。

警報は、ミサイル接近を探知すると鳴る仕組み。イラクに出回っているのは旧ソ連製の地対空携帯ミサイル「SA7」だ。熱源のエンジンめがけて飛び、機体近くで炸裂《さくれつ》する。ミサイルを避けようと右旋回、左旋回と、警報が消えるまで切り返しを続けた。

「航空自衛隊機が狙われているのか」との私の問いに、統合幕僚監部の佐官は「撃たれたことは一度もない」と断言した。それでは機械の誤作動なのか。航空自衛隊幹部は「『分からない』というのが正確な答えだ。乗員は窓から機外を監視しているが、向かってくるミサイルを見たという目撃証言は上がらなかった」と話した。

空輸を担った航空自衛隊の将官は二〇〇六年九月、首相官邸の安倍晋三官房長官に報告した。

将官「多国籍軍には月三十件ぐらい航空機への攻撃が報告されています」

安倍「危ないですね」

将官「だから自衛隊が行っているのです」

安倍「撃たれたら騒がれるでしょうね」

将官「恐いのは『なぜそんな危険なところに行っているんだ』という声が上がることで

す」

「政府が決めた通りの活動を続け、あなたたち政治家に知らんぷりされては、屋根に上ってはしごを外されるのに等しい。だから、『逃げるな』といっているのだ」。そこまでは安倍氏に言わなかった。政治家への不信感は、インド洋派遣で直訴した海上自衛隊と変わらない。

この幹部は私にこういった。

「勇ましいことをいう政治家やマスコミは、シビリアンコントロールの自覚をしっかり持ってもらいたい。情報のない海外派遣は暗闇を全速力で突っ走るようなもの。自衛隊は未熟だ。弱さを自覚して、はじめて地に足のついた活動ができる」

「危険は承知。でも頑張れ」と、まるで他人事の政治家に対し、制服組ができることは、情報を与え、制服組が考える方向に誘導するほかない。危険と隣り合わせの任務を続けたことによる経験則から逆シビリアンコントロールは定着した。

「愛国心」問う自衛隊幹部学校

自衛隊のエリート幹部はどのように生まれるのだろうか。

神奈川・三浦半島の東南端、小原台。東京湾を見下ろす絶好の場所に将来の幹部自衛官を養成する防衛大学校がある。卒業生は約二万五千人。旧軍出身者が定年退官した後、陸海空各自衛隊のトップである幕僚長は防衛大学校卒業生が独占してきた。一般大学の卒業者では東大卒以外、将官にさえなれない。

太平洋戦争で旧日本軍の侵略行為を正当化する論文を公表し、二〇〇八年十月に更迭された田母神俊雄元航空幕僚長は第十五期生の一人だった。翌月、日本防衛学会の研究大会が防衛大学校で開かれ、シンポジウムで「田母神問題」が取り上げられた。

森本敏拓殖大教授(防大九期)は「文民統制への信頼をつぶした」と批判し、竹河内捷次《たけごうちしょうじ》元統合幕僚会議議長(同)は「歴史や社会現象は単純ではない」と苦言を呈したが、自衛隊の「教育」に言及する意見はなかった。

毎年、入学する防大生に配られる「必読資料集」には歴代校長の講話が再録されている。第四代校長だった土田国保氏(元警視総監)が一九八四年入学の三十二期生に行った講話のテーマは「愛国心」だった。

終盤、唐突に「戦後の精神的な空白のすき間に、突出してきたのがマルクス・レーニン主義であります」と語る。階級なき社会をつくり、国家を消滅させる思想と断定し、「こういう見方が日教組(日本教職員組合)を中心に、戦後の教育界に大きな影響をもたらし、現在で

も その尾を引いている」と続く。

愛国心が薄いのは教育や日教組に原因がある、との主張である。幹部自衛官が「国民の愛国心」を語る時の論法と見事に一致している。

二〇〇三年七月、航空自衛隊幹部の登竜門である幹部学校指揮幕僚課程の選抜第一次試験があった。論文のテーマは「愛国心」だった。

試験後の所見で、主任試験官の一等空佐は「ごく一部の受験生において、戦後のいわゆる自虐史観教育による影響から抜けきれず、その考え方を是とした者がいたのは極めて残念であった」とした。この所見から「植民地支配と侵略によって、多くの国々、とりわけアジア諸国の人々に対して多大の損害と苦痛を与えました」（一九九五年「戦後五十周年の終戦記念日にあたって」、「村山談話」）との歴史認識を背景にした答案は低い評価を受け、合否に影響したのではないかとの疑念を抱かせる。

選抜第二次試験で主任試験官の別の一佐は「防衛問題（専守防衛、攻勢作戦、武器輸出三原則など）は高等教育を授かった受験者ほど、従来の枠組みの中での発想しか見られず、意気込みを感じることが少なかった」と評した。

憲法九条や国是に沿った「従来の枠組み」に基づく答案は評価されず、専守防衛を否定し、武器輸出三原則の見直しを主張するような答案が高い評価を受けた可能性がある。

自衛隊の教育は「現場任せ」である。過去の侵略戦争を正当化し、今の憲法は不自由だと不満をいう防大出身の幹部は少なくない。安倍首相の主張と幹部自衛官たちの考えに共通項が多いのだとすれば、憲法解釈を変更し、海外で武力行使することに共鳴する幹部が出てきたとしてもおかしくない。

自衛隊が暴走せず、むしろ自重しているように見えるのは、歴代の自民党政権が自衛隊の活動に憲法九条のタガをはめてきたからである。その結果、国内外の活動は「人助け」「国づくり」に限定され、高評価を積み上げてきた。政府見解が変われば、自衛隊も変わる。冷戦後、国内外の活動を通じて力を蓄えた自衛隊を活かすも殺すも政治次第である。

安倍晋三首相が解禁を目指す集団的自衛権の行使について、防衛省の官僚や幹部自衛官はどう考えているのだろうか。

防衛政策を担当する背広組の一人は「これまで自衛隊と憲法の問題が議論されたときには、具体的な自衛隊の海外活動が予定されていた。例えばカンボジアのＰＫＯ参加とか、イラク派遣とか。今回は予定される行動がなく、極めて分かりにくい議論になっている」という。「尖閣諸島の問題など、身近で可能性が高いことで自衛隊の活動に穴がないか、検証すべきではないか」とも話す。

制服組には賛否両論がある。「自衛隊法に国際平和協力活動があるのだから、日本が他国の軍隊並みの活動をするのは当然のこと」という賛成派もいれば、「これまで地道に積み上げてきた武力を使わない国際貢献策に磨きをかけるべきだ」との反対派もいる。

人数を数えたわけではないが、海外で武力行使することによる自衛隊内部への影響を心配する声は多い。「良質な若者が集まらなくなるのでは」「自衛隊がどう変化するのか想像もつかない」との声は複数から出た。不安は「当事者」だからである。

しかし、安倍政権において安全保障問題で主導権を握るのは防衛省ではなく、外務省である。新設された日本版NSCの谷内正太郎局長、集団的自衛権行使を議論する有識者懇談会(安保法制懇)の柳井俊二座長の二人は外務事務次官を経験している。首相の有力ブレーンの北岡伸一国際大学長は外務省の有識者会議の座長を務め、国連代表部次席大使にもなった外務省寄りの人物である。

外務省と防衛省との対立は国連平和維持活動(PKO)協力法が制定された一九九一年当時から続く。自衛隊の海外活動を通じて、日本の国際的な評価を高め、国連安全保障理事会の常任理事国入りを目指す外務省に対し、防衛省は「外務省の道具ではない」と反発してきた。

自衛隊初の「戦地派遣」となったイラクへの派遣では、部隊の安全確保のために外務省所管の「草の根無償資金協力(ODAのひとつ)」を使いたい防衛省が外務省に現地事務所の設置を求めた。陸上自衛隊サマワ宿営地の一角に「外務省在サマワ連絡事務所」が置かれ、五人の外務省職員が常駐した。

それでも外務省がカネを出し渋るとみるや、サマワから佐藤正久一等陸佐(現参院議員)が直談判のため、ひそかに一時帰国したこともあった。

阪田雅裕元内閣法制局長官は「集団的自衛権の行使を認めろ、というのは霞が関で外務省だけ」という。その外務省と安倍首相が相思相愛の仲なのである。

首相は二〇一三年八月二十七日、ソマリア沖の海賊対処のための海上自衛隊の拠点があるアフリカのジブチを訪れた。外務省が組んだ日程は滞在わずか三時間。この中に大統領との会見、日本の「すしざんまい」社長の表敬などを入れたため、海上自衛隊の拠点では昼食と視察だけで終わった。海賊対処の現場まで行きながら、護衛艦やＰ３Ｃ哨戒機に乗って自衛隊の活動をその目で見ようとはしなかった。

現地に行っただけ、まだましかも知れない。イラク派遣を命じた小泉純一郎首相は、「非戦闘地域」にいるはずの自衛隊を視察することは一度もなかった。米国、英国、韓国のそれぞれの大統領や首相は、いずれも複数回、激励のため部隊を訪問している。

日本のある防衛相などは三度、イラクの部隊訪問を計画して、三度とも出発のその日にドタキャンした。首相官邸のスタッフは「『行ってもいいでしょうか』となぜか、その都度、聞いてきた。『だめだ』と言って欲しかったのでしょうね」と苦笑する。三度目には、ヘリコプターを用意していた米軍から「お前の国の政治家は何なんだ」と陸上自衛隊が文句を言われるはめになった。

安倍晋三首相について、忘れられない出来事がある。二〇〇七年九月、私は海上自衛隊による米艦艇への洋上補給を取材するため、アラブ首長国連邦にいた。すると「たいへんです」と一等海佐がホテルの部屋に駆け込んできた。

テレビには、視線を落とし、首相辞任を表明する安倍首相。米大統領と会って給油活動の継続を約束し、記者団に「対米公約というより対外公約だ。それだけ私の責任は重い」と言い切ってから、わずか四日後の出来事だった。

参院選挙で民主党に惨敗して小沢一郎代表に会談を拒否され、政権を放り出したのである。のちに持病の悪化と説明したが、それならなおさら、退陣直前に「対外公約」などするべきではなかった。

補給艦乗員の落胆ぶりは気の毒なほどだった。「みんなショックを受けた」「現場で議論しても仕方ない」。活動は続いたが、補給量はみるみる減少。民主党政権になって終了した。

自衛隊は政治家が統制する「シビリアンコントロール」を受けている。最高指揮官は首相、防衛相が統轄する。首相や防衛相にその覚悟と責任感はあるのだろうか。海外へ送り出すことには熱心でも「後はよきに計らえ」が日本のシビリアンコンロールである。

集団的自衛権の行使に踏み切っても、犠牲になるのは自衛官であって政治家ではない。「人命軽視」「責任回避」は旧日本軍の専売特許だったが、現代の政治家にも当てはまるのかも知れない。

二〇一四年四月

半田　滋

半田 滋

1955年(昭和30)年栃木県宇都宮市生まれ．下野新聞社を経て，91年中日新聞社入社，東京新聞編集局社会部記者を経て，2007年8月より編集委員．11年1月より論説委員兼務．93年防衛庁防衛研究所特別課程修了．92年より防衛庁取材を担当．04年中国が東シナ海の日中中間線付近に建設を開始した春暁ガス田群をスクープした．
07年，東京新聞・中日新聞連載の「新防人考」で第13回平和・協同ジャーナリスト基金賞(大賞)を受賞．著書に，「集団的自衛権のトリックと安倍改憲」(高文研)，「改憲と国防」(共著，旬報社)，「『戦地』派遣　変わる自衛隊」(岩波新書，09年度日本ジャーナリスト会議(JCJ)賞受賞)，「自衛隊 vs. 北朝鮮」(新潮新書)，「闘えない軍隊」(講談社＋α新書)などがある．

日本は戦争をするのか
——集団的自衛権と自衛隊　　岩波新書(新赤版)1483

2014年5月20日　第1刷発行

著　者　半田《はんだ》 滋《しげる》

発行者　岡本 厚

発行所　株式会社 岩波書店
〒101-8002 東京都千代田区一ツ橋2-5-5
案内 03-5210-4000　販売部 03-5210-4111
http://www.iwanami.co.jp/

新書編集部 03-5210-4054
http://www.iwanamishinsho.com/

印刷・理想社　カバー・半七印刷　製本・中永製本

ISBN 978-4-00-431483-7　Printed in Japan

岩波新書新赤版一〇〇〇点に際して

ひとつの時代が終わったと言われて久しい。だが、その先にいかなる時代を展望するのか、私たちはその輪郭すら描きえていない。二〇世紀から持ち越した課題の多くは、未だ解決の緒を見つけることのできないままであり、二一世紀が新たに招きよせた問題も少なくない。グローバル資本主義の浸透、憎悪の連鎖、暴力の応酬――世界は混沌として深い不安の只中にある。

現代社会においては変化が常態となり、速さと新しさに絶対的な価値が与えられた。消費社会の深化と情報技術の革命は、種々の境界を無くし、人々の生活やコミュニケーションの様式を根底から変容させてきた。ライフスタイルは多様化し、一面では個人の生き方をそれぞれが選びとる時代が始まっている。同時に、新たな格差が生まれ、様々な次元での亀裂や分断が深まっている。社会や歴史に対する意識が揺らぎ、普遍的な理念に対する根本的な懐疑や、現実を変えることへの無力感がひそかに根を張りつつある。そして生きることに誰もが困難を覚える時代が到来している。

しかし、日常生活のそれぞれの場で、自由と民主主義を獲得し実践することを通じて、私たち自身がそうした閉塞を乗り超え、希望の時代の幕開けを告げてゆくことは不可能ではあるまい。そのために、いま求められていること――それは、個と個の間で開かれた対話を積み重ねながら、人間らしく生きることの条件について一人ひとりが粘り強く思考することではないか。その営みの糧となるものが、教養に外ならないと私たちは考える。歴史とは何か、よく生きるとはいかなることか、世界そして人間はどこへ向かうべきなのか――こうした根源的な問いとの格闘が、文化と知の厚みを作り出し、個人と社会を支える基盤としての教養となった。まさにそのような教養への道案内こそ、岩波新書が創刊以来、追求してきたことである。

岩波新書は、日中戦争下の一九三八年一一月に赤版として創刊された。創刊の辞は、道義の精神に則らない日本の行動を憂慮し、批判的精神と良心的行動の欠如を戒めつつ、現代人の現代的教養を刊行の目的とする、と謳っている。以後、青版、黄版、新赤版と装いを改めながら、合計二五〇〇点余りを世に問うてきた。そして、いままた新赤版が一〇〇〇点を迎えたのを機に、人間の理性と良心への信頼を再確認し、それに裏打ちされた文化を培っていく決意を込めて、新しい装丁のもとに再出発したいと思う。一冊一冊から吹き出す新風が一人でも多くの読者の許に届くこと、そして希望ある時代への想像力を豊かにかき立てることを切に願う。

（二〇〇六年四月）

岩波新書より

政治

政治的思考 杉田 敦
現代日本の政党デモクラシー 中北浩爾
サイバー時代の戦争 谷口長世
現代中国の政治 唐 亮
政権交代とは何だったのか 山口二郎
戦後政治史〔第三版〕 石川真澄 山口二郎
日本政治 再生の条件 山口二郎編著
日本の国会 大山礼子
〈私〉時代のデモクラシー 宇野重規
大 臣〔増補版〕 菅 直人
生活保障 排除しない社会へ 宮本太郎
「ふるさと」の発想 西川一誠
政治の精神 佐々木毅
ドキュメント アメリカの金権政治 軽部謙介
「戦地」派遣 変わる自衛隊 半田 滋
民族とネイション 塩川伸明
昭和天皇 原 武史
自衛隊 変容のゆくえ 前田哲男
集団的自衛権とは何か 豊下楢彦
沖縄密約 西山太吉
市民の政治学 篠原 一
政治・行政の考え方 松下圭一
岸 信介 原 彬久
自由主義の再検討 藤原保信
海を渡る自衛隊 佐々木芳隆
象徴天皇 高橋 紘
近代の政治思想 福田歓一

法律

大災害と法 津久井進
変革期の地方自治法 兼子 仁
原発訴訟 海渡雄一
民法改正を考える 大村敦志
労働法入門 水町勇一郎
人が人を裁くということ 小坂井敏晶
知的財産法入門 小泉直樹
消費者の権利〔新版〕 正田 彬
司法官僚 裁判所の権力者たち 新藤宗幸
名誉毀損 山田隆司
刑法入門 山口 厚
家族と法 二宮周平
会社法入門 神田秀樹
憲法とは何か 長谷部恭男
良心の自由と子どもたち 西原博史
独占禁止法 村上政博
裁判官はなぜ誤るのか 秋山賢三
憲法への招待 渋谷秀樹
憲法と国家 樋口陽一
比較のなかの日本国憲法 樋口陽一
法とは何か〔新版〕 渡辺洋三
法を学ぶ 渡辺洋三
民法のすすめ 星野英一
日本人の法意識 川島武宜

岩波新書／最新刊から

1475 〈老いがい〉の時代 ―日本映画に読む― 天野正子著

誰にとっても未知の世界、〈老い〉。生の軌跡が濃縮される特別な時間への扉を、戦後日本映画が描く数々の老いのドラマから開く。

1476 女のからだ フェミニズム以後 荻野美穂著

一九六〇―七〇年代、女たちは性と生殖のタブーに意識変革を起こした。「自分のからだをとりもどす」真摯な問いから現代を考える。

1477 唐物の文化史 ―舶来品からみた日本― 河添房江著

なぜ日本人は舶来ブランド品を愛するのか。正倉院宝物から江戸の唐物屋まで、モノから日本文化の変遷を追う。【カラー口絵8頁】

1478 算数的思考法 坪田耕三著

じつは深い算数の世界。そこには、生活や仕事に活かせる、ものの見方・考え方があふれている。算数教育の第一人者が伝授する。

1479 日本語の考古学 今野真二著

『源氏物語』を書いたのは誰？――写本などの文献に残された微かな痕跡からかつての日本語の姿を様々に推理する、刺激的な一書。

1480 日本語スケッチ帳 田中章夫著

「自分をほめてあげたい」の意外なルーツ、東西の言葉の比較など、多彩な日本語の世界を楽しむ。好評『日本語雑記帳』の続編。

1481 ひとり親家庭 赤石千衣子著

なぜこうも生きづらいのか？　豊富なデータと数多くの生の声から、悪化する状況を訴え、生活を豊かにするための道筋を提起する。

1482 新・世界経済入門 西川潤著

一九八八年の初版以来、二度の改訂を経て読み継がれてきたロングセラー。最新のデータと用語解説を入れて、一〇年ぶりに刊行。

(2014.5)